AF311765

LETTRES

D'UN ANCIEN AVOCAT

A UN DÉPUTÉ,

SUR

LA CONTRAINTE PAR CORPS.

J'ignore à qui nous devons *les lettres à un dé-
puté*, mais elles sont à coup sûr d'une plume très-
exercée. Il serait difficile d'appuyer la cause des
prisonniers pour dettes de raisonnemens plus so-
lides, et d'autorités plus imposantes. Si un jour
elle triomphe, l'honneur en appartiendra surtout
à l'auteur de ces lettres.

(*Gazette de France*, 2 *Septembre* 1820.)

*Cet ouvrage m'a paru très-concluant, et d'une
force qui laisse peu à la réplique.*

(**M.** le comte de SÉGUR, *pair de France.*)

DE L'IMPRIMERIE DE POULET,

Quai des Augustins, nº. 9.

LETTRES

D'UN ANCIEN AVOCAT

A UN DÉPUTÉ,

SUR

LA CONTRAINTE PAR CORPS.

Sait-on seulement que la loi même en affranchit
presque tous ceux qui aujourd'hui la subissent,
et que presque tous ceux contre lesquels elle a
été instituée en sont affranchis?

SECONDE ÉDITION.

PARIS,

Chez l'Éditeur, rue du Petit-Carreau, n°. 1,
Et chez Dentu, Libraire, au Palais-Royal

1821.

Si nos législateurs, dans leur session de 1820, daignent s'occuper de la réforme de notre législation sur la contrainte par corps pour dettes commerciales, ou réputées telles, ils satisferont un des vœux les plus ardents des amis de l'humanité et de la justice.

Le gouvernement même a senti le besoin de cette réforme, et on a vu avec peine que des discussions politiques en se prolongeant, empêchaient à chaque session qu'on put se livrer à celle d'une matière aussi importante.

L'ouvrage que je reproduis contribuera sans doute à en démontrer l'urgence.

Des préventions, des opinions peu éclairées ont jusqu'ici jeté une grande défaveur sur la cause des prisonniers pour dettes. En général on en parle sans la connaître, on la juge sans l'avoir examinée. Sait-on seulement que la loi même, dans plusieurs de ses dispositions, affranchit de cette contrainte presque tous ceux qui aujourd'hui la subissent, et que presque tous ceux contre lesquels elle a été instituée en sont affranchis ? Se doute-t-on de l'usage que font les usuriers de l'arme formidable qui est dans leurs mains?

L'imprudente demande de l'abolition de la contrainte est peut-être ce qui a le plus nui à l'accélération de la réforme.

Espérons que des hommes en crédit, intéressés peut-être au maintien des vices et des abus de la loi, chercheront moins à faire prévaloir des raisonnemens spécieux qui n'ont apporté que trop d'obstacles à de justes modifications.

Quoique souvent les lois portent l'empreinte de l'intérêt personnel de leurs auteurs, le choix de nos législateurs actuels donne lieu de croire à la générosité de leurs sentimens, comme à la noblesse de leur caractère.

DE LA RÉFORME
DES LOIS

CONCERNANT

LA CONTRAINTE PAR CORPS

EN MATIÈRE DE COMMERCE.

PREMIÈRE LETTRE,

SERVANT D'INTRODUCTION.

Nécessité d'une prompte réforme.

J'AI fait, Monsieur, ce que vous avez désiré de moi, j'ai achevé de m'instruire de tout ce qui peut vous mettre en état de former votre opinion sur la contrainte par corps pour dettes commerciales.

C'est par lettres, comme nous en sommes convenus, que je vous communiquerai le fruit de mes recherches, de mes lectures, et mes propres réflexions. Chacune de ces lettres portera en tête le sujet qui y sera traité. Mon travail sera rapide ; le temps nous presse.

Pour peu qu'on examine cette partie de notre législation, si importante, puisqu'elle intéresse un des biens le plus précieux de l'homme, la liberté individuelle, on reconnaît la nécessité d'une prompte réforme.

Que de dispositions vicieuses, incohérentes, contradictoires dans les lois morcelées qui régissent présentement l'exercice de la contrainte par corps ! que de difficultés pour leur donner une juste application ! que d'abus dans leur exécution !

Les règles de jugemens n'étant point suffisamment tracées par la loi du 15 germinal an 6 (6 avril 1798), on a donné à cette loi diverses interprétations ; on a cherché à en remplir les lacunes en y rapportant plusieurs dispositions des Codes postérieurement promulgués. Delà les variations de la jurisprudence, cette diversité de jugemens rendus par les tribunaux du royaume. Plusieurs ont pensé que la loi du 24 ventôse an 5 (14 mars 1797), qui avait rétabli la contrainte par corps pour dettes de commerce, ne pouvait, d'après ses propres termes, avoir d'effet que du jour de sa promulgation ; d'autres ont voulu l'appliquer à des engagemens contractés antérieurement au 9 mars 1793, époque de son abolition. Là, les septuagénaires ont été soumis à la contrainte ; ailleurs ils ne l'ont point été. Les décisions de la Cour de cassation ont suppléé au silence du législateur, mais n'ont point eu force de loi dans tous les tribunaux ; quelques-uns n'ont pas reconnu la puissance législative dans le magistrat.

Dans les usages actuels il y a presque partout

contrariété entre l'intention de la loi et son application dans le fait. Elle a voulu que la contrainte par corps n'atteignit que les commerçans ou les personnes engagées pour fait de commerce, et presque jamais des commerçans n'en sont atteints, d'après une sorte de privilège que leur a ensuite accordé le Code de commerce; elle a voulu que les lettres de change simulées , c'est-à-dire, celles pour lesquelles il y a supposition ou de qualités, ou de lieux d'où elles sont tirées, et pour lesquelles conséquemment il n'y a point eu de provision , ni *de remise de place en place* , fussent considérées comme de simples mandats, n'entraînant point la contrainte par corps, et au tribunal de commerce du département de la Seine, tous les engagemens de cette nature en sont frappés sans examen.

On peut dire que sans cette sorte de violation de la loi, les trois quarts des détenus pour dettes à Sainte - Pélagie n'y gémiraient pas victimes de la cupidité des usuriers , et sans aucun fruit pour le commerce aux opérations duquel ils sont entièrement étrangers.

Vous penserez , Monsieur , avec tous les bons esprits , que dans une matière qui importe autant à la fortune publique et au sort des individus , nous avons besoin d'une législation simple, claire, uniforme , liée dans ses différentes parties , qui , conciliant à la fois les intérêts du commerce et ceux de l'humanité , soit en harmonie avec notre régime constitutionnel.

Dans le cours de mes lettres, je tâcherai de vous faire connaître l'état successif de notre législation sur la contrainte par corps en matière de commerce;

Les variations de la jurisprudence causées par l'insuffisance de la loi de germinal, et les difficultés de concilier avec ses dispositions quelques articles des Codes;

Les contrariétés qui subsistent entre l'esprit, les termes même de la loi, et son exécution, dan le fait;

Les énormes abus qui, dans cette exécution, lui impriment un caractère de froide et inutile cruauté:

Je vous dirai quelques mots des usages qui ont lieu chez quelques nations des plus commerçantes;

Je soumettrai à votre examen les différentes questions dont les legistateurs et les écrivains ont fait l'objet de leurs controverses,

Et je citerai ce qu'ont offert de plus remarquable les discours des orateurs des Chambres.

En parcourant les différens points de doctrines qui ont donné matière à des discussions, si je signale ce qui vicie davantage nos lois concernant la détention pour dettes, je rechercherai de quelles améliorations ces lois sont susceptibles. Dans cette recherche, je me tiendrai également en garde contre ces mouvemens philantropiques, ce penchant à l'indulgence qui empêche de voir dans les actions des individus, tout le mal qu'elles peuvent faire à la société, et contre les exagérations des partisans aveugles ou intéressés d'une formidable législation. Qui pourrait méconnaître ce que réclament les droits de l'humanité et de la justice? Heureusement les vrais intérêts du commerce n'en exigent pas le sacrifice. L'accord de ces droits et de ces intérêts peut seul donner de la stabilité à une nouvelle loi contre les débiteurs commerciaux.

IIe. LETTRE.

Lois romaines. — Ancienne législation française.

Avant de vous parler, Monsieur, de notre ancienne législation sur la contrainte par corps, en matière de commerce, je vais vous dire quels étaient chez les Romains, les usages contre les débiteurs.

Vous savez que si aucun peuple n'a aussi glorieusement signalé son amour de la liberté publique, aucun n'a montré moins de respect pour la liberté individuelle, et n'a été aussi jaloux de maintenir la servitude. Dans le temps où il n'était point encore civilisé, les débiteurs

romains étaient traités avec encore plus de rigueur
que les esclaves. Les lois qui les concernaient faisaient partie de celles des Douze Tables. Je vous
en citerai quelques-unes.

Loi 23.

Lorsqu'on aura avoué une dette, ou qu'on aura
été condamné à la payer, le créancier donnera
trente jours à son débiteur pour acquitter la
somme, après quoi il le fera saisir au corps, et le
conduira devant le juge.

Loi 24.

Si le débiteur refuse de payer sa dette, et que
personne ne se présente pour le cautionner, son
créancier pourra l'emmener chez lui, le lier par
le col, et lui mettre les fers aux pieds, pourvu
que la chaîne n'excède pas le poids de quinze livres : elle peut être plus légère si le créancier le
veut.

Loi 25.

Si le débiteur enchaîné veut vivre à ses dépens,
qu'il y vive ; si non, que celui qui le retient à la
chaîne lui donne une livre de farine par jour, ou
plus s'il le veut.

Loi 26.

Si le débiteur ne transige pas avec son créancier, celui-ci pourra le retenir dans la captivité pendant soixante jours. Si dans cet intervalle le débiteur ne trouve pas de quoi s'acquitter, le créancier le fera paraître aux yeux du peuple pendant trois jours de marché, et fera crier la somme dont il aura été fraudé.

Loi 27.

Si le débiteur est insolvable à plusieurs créanciers, ils pourront après le troisième jour de marché, *mettre son corps en pièces*, et le partager impunément en plus ou moins de parties ; ou bien les créanciers pourront vendre leur débiteur aux étrangers qui habitent au-delà du Tibre.

On croit que cette dernière loi n'a point eû d'exécution. Le peuple avait pris cause pour les débiteurs, dans la personne desquels on n'avait point respecté les droits de la nature. Il s'était retiré sur le mont sacré. Un soldat débiteur avait causé ce mouvement ; il avait, sur la place publique, montré sa poitrine cicatrisée d'honorables blessures et dit au peuple « *En acquérant ces certificats de civisme, j'ai contracté des dettes :* » Puis montrant ses épaules ensanglantées, « *Voilà la récompense de mes services !* »

Cette loi qui porte le caractère du temps de barbarie où elle a été rendue, a produit un effet contraire à celui qu'on en attendait. La loi *Petilia Papyria*, abolit celle des Douze Tables. La con-

trainte par corps ne s'exerçât plus que contre ceux
qui s'y étaient soumis; et les Romains, plus instruits et plus justes, ne l'ont plus appliquée que
dans le cas de stelionnat ou de dol.

Il est à remarquer que ceux de leurs magistrats
qui avaient le droit de prononcer l'incarcération,
n'y étaient pas sujets.

Si je recherche, Monsieur, la cause de l'exces-
sive rigueur des lois ou des jugemens, dans des
cas où cette rigueur est plus nuisible que profitable
à la société, je ne peux me défendre de la crainte
de la trouver dans l'intérêt particulier du législateur ou du magistrat.

Je viens à nos lois : j'en marquerai les époques.

An 1256. On lit dans une ordonnance de Saint-
Louis, *défendons que nul de nos sujets ne soient pris
au corps pour dettes personnelles, fors les nôtres.*

1304. Une ordonnance de Philippe-le-Bel, dé-
fendit de constituer prisonniers les débiteurs qui
ne se seraient pas soumis à la contrainte par
corps.

Des lois postérieures ont formellement interdit
toutes stipulations volontaires qui engageraient la
liberté personnelle.

1535. Un édit de François Ier., concernant
particulièrement la ville de Lyon, et les marchands
fréquentant les foires dont elle avait le privilége,
ordonna que les sentences du tribunal de conservation (ou du commerce de cette ville), *pourraient*
être exécutées par voie de contrainte dans tout le

royaume. C'était alors le seul moyen d'atteindre *les forains* qui disparaissaient sans avoir satisfait à leurs engagemens payables en foire.

1563. L'édit par lequel fut instituée la juridiction consulaire à Paris, voulut que les sentences des consuls pour les condamnations qui *n'excéderaient pas* 500 *livres tournois*, pussent être exécutées par corps.

1566. *L'ordonnance*, *dite de Moulins*, accorda la faculté de faire exécuter par corps les jugemens rendus contre les débiteurs qui ne s'acquitteraient pas dans les quatre mois de la signification de ces jugemens.

Tel était en France l'état de la contrainte par corps, lorsque parurent les belles ordonnances de Louis XIV.

1667. Extraits du titre 34 de *l'ordonnance*, dite de 1667.

Art. 1. Abrogeons l'usage des contraintes par corps après les 4 mois établis par l'art 48 de l'ordonnance de Moulins.

Art. 4. Défendons de condamner aucun de nos sujets par corps, sinon pour lettres de change *quand il y aura remise de place en place*, et dettes entre marchands pour faits de commerce dont ils se mêlent.

Art. 9. Les septuagénaires ne pourront être emprisonnés pour dettes purement civiles, si ce n'est pour stellionnat, etc.

Observons, 1°. que dans le cas de l'exception

14

il est seulement *permis*, mais *non enjoint* aux juges de prononcer la contrainte; 2°. qu'elle ne peut
être prononcée pour la lettre de change que lorsqu'il y a eu véritablement remise de place en
place.

Suivant la jurisprudence née de l'ordonnance
de 1667, les détenus pour dettes devaient être
élargis au moment où ils atteignaient leur 70ᵉ.
année, sans attendre qu'elle fut accomplie, parce
que, *in favorabilus*, *annus inceptus pro completo
habetur*. Ceux-là même qui étaient obligés par
corps avant l'ordonnance, devaient recouvrer leur
liberté lorsqu'ils avaient atteint cet âge.

1673. Dans l'ordonnance de 1673, ainsi que dans
celle de 1667, les juges étaient *autorisés*, non
astreints à condamner par corps, et pour cette
condamnation, quant à la lettre de change, *la
remise de place en place* était également exigée.
On retrouve partout cette disposition.

Quoique l'exemption acquise aux septuagénaires, par l'ordonnance de 1667, n'ait point été répétée dans celle de 1673, elle a paru applicable
aux dettes de commerce ainsi qu'aux dettes civiles.
Comme elle ne s'exerçait pas antérieurement contre les septuagénaires en matière criminelle, l'u-
sage constant a sans doute fait regarder comme
inutile de mentionner cette exemption. Si l'intention du législateur avait été de faire cesser cet
usage, il n'aurait pas manqué d'introduire cette
disposition dans la loi. Ce silence a été interprété

comme il devait l'être. *Dans le cours de* 126 *ans* qu'a duré l'empire des deux ordonnances, aucune contrainte par corps n'a été prononcée contre les septuagénaires. Elle ne l'a point été aussi contre les non-négociants, signataires de lettres de change, l'ordonnance de commerce n'ayant eu en vue que des banquiers, négociants ou marchands.

Je ne peux mieux, Monsieur, terminer cette lettre qu'en vous citant ce qu'on lit à ce sujet dans un mémoire publié sous le nom de M. Huet, avocat aux conseils du Roi et à la Cour de cassation, ouvrage écrit avec un talent peu commun, et qui, sur la matière qui nous occupe, porte la conviction dans les esprits.

« Il ne paraît pas que dans tout le cours de
» cette longue période (les 126 ans), il se soit
» élevé, ni du sein de la magistrature, ni de la
» part des commerçans, collectivement, ou indi-
» viduellement, aucune réclamation tendante à
» obtenir, dans l'intérêt du commerce, une lé-
» gislation plus rigoureuse. Cependant, à côté de
» ces lois générales empreintes d'humanité et de
» douceur, des lettres de répit, soit royales, soit
» judiciaires, venaient souvent au secours des dé-
» biteurs. Des commissaires du parlement, munis
» de pouvoirs discrétionnaires, visitaient les pri-
» sons plusieurs fois dans l'année, et prononçaient
» à des conditions modérées, même purement et
» simplement, en cas d'impuissance reconnue,
» la mise en liberté des prisonniers pour dettes ;

» enfin de nombreux asiles ouverts dans la capi-
» tale aux débiteurs poursuivis, leur offrait une
» sorte de liberté à la faveur de laquelle ils pou-
» vaient vaquer à leurs affaires.

» Malgré tant de limitations mises à la con-
» trainte par corps, elle avait encore paru into-
» lérable à des époques où l'énormité des charges
» publiques et l'embarras des finances du royaume,
» d'abord après la guerre de la succession d'Espa-
» gne, ensuite à la chûte du système de Law,
» exerçaient sur les fortunes particulières, et sur
» le crédit commercial, une influence pernicieuse.
» Deux déclarations de Louis XIV, données sous
» le chancelier Voisin, en 1715, suspendirent la
» contrainte par corps, et d'autres déclarations
» successives données par Louis XV, sous le
» chancelier Daguesseau, en prorogèrent la sus-
» pension, jusqu'en 1733. Cette mesure, dictée par
» le malheur des temps, n'excita aucune plainte,
» ne produisit aucun désordre, et lorsque les
» deux lois suspendues eurent été remises en vi-
» gueur, la douceur de leurs dispositions n'a ja-
» mais non plus ralenti les progrès de nos manu-
» factures, ni l'activité de nos expéditions ma-
» ritimes. Un commerce florissant dont la ba-
» lance annuelle en notre faveur était de soixante-
» dix à quatre - vingt millions, deux mil-
» liards et demi de numéraire, circulant à un in-
» térêt peu élevé, et multipliant partout les tran-
» sactions et les échanges, voilà le spectacle que

» la France offrait encore en 1789, et avant
» qu'on eût rien changé aux ordonnances de 1667,
« et 1673. »

III⁰. LETTRE.

Abolition et rétablissement de la contrainte par corps.

Du sein de nos orages révolutionnaires est sorti le décret du 9 mars 1793, qui a aboli la contrainte par corps. Il n'a été rendu ni dans l'intérêt du commerce, ni dans celui de la liberté. Le papier-monnaie qui se trouvait dans toutes les mains, mettait chacun en état de faire le commerce au comptant, et d'acquitter ses engagemens avec peu de chose.

La loi ne faisait donc aucun bien aux débiteurs; mais la facilité qu'ils avaient de se libérer, n'aurait-elle pas dû donner à cette loi un caractère plus irrévocable pour les engagemens contractés antérieurement? Le débiteur honnête, délicat, qu'elle affranchissait de la contrainte, ayant éprouvé de la répugnance à faire, sur la foi de cette exemption, des paiemens illusoires, en assignats ou en mandats, ayant remis à s'acquitter au temps où il en aurait la faculté, mais ne l'ayant point eu, devait-il ensuite être puni par la détention, de son honnêteté, de sa délicatesse ?

Je reviendrai à cette observation dans une autre lettre.

C'est assurément par prévention, par erreur, qu'on a attribué à l'abolition de la contrainte par corps les désordres qui ont eu lieu dans le commerce pendant les quatre années qui ont précédé son rétablissement ; eût-elle continué d'être en vigueur, on croit qu'il n'y aurait pas eu moins de faillites et de banqueroutes.

Il suffit d'avoir connu le déplorable état dans lequel étaient les mœurs, les lois, les diverses parties de l'administration publique pendant ces quatre années, pour être persuadé que l'abolition de la contrainte par corps n'a point causé les maux que le commerce a souffert à cette époque, et qu'on suppose avoir nécessité son rétablissement.

« C'est, dit l'auteur du Mémoire que j'ai déjà » cité, au milieu de ces nombreuses violations de » la foi publique, de ces atteintes mortelles à toute » espèce de crédit, enfin au milieu de tous les be» soins que faisait naître un pareil désordre, que » l'usure, ce monstre de glace, sans foi, sans » honneur comme sans pitié (1), avait établi son » domaine et formé ses spéculations. Elle avait

____

(1) Expression de M. Hyde de Neuville.

» élevé l'intérêt du prêt sur gages jusqu'à trois ou
» quatre pour cent par mois; et comme il lui arri-
» vait quelquefois de se méprendre sur la valeur
» des gages, et de perdre, par leur insuffisance,
» une partie de ses larcins, elle cria à l'infidélité;
» et empruntant le nom du commerce dont elle
» consommait la ruine, elle implora le secours
» des lois pour obtenir, contre les débiteurs, une
» sévérité qui aurait dû n'être déployée que
» contre elle-même. Sa voix impie, répétée par
» ses agens et ses complices répandus, comme au-
» tant d'échos, sur tous les points de la France,
» fut par erreur prise pour la voix publique; et
» alors intervint la loi du 15 germinal an 6 (4
» avril 1798), qui a déterminé le mode d'exercice
» de la contrainte par corps en matière civile et
» en matière de commerce. »

Le retour du numéraire contribua à éveiller l'intérêt particulier, toujours habile à parler au nom du bien public. Les réclamations adressées au Corps-législatif, et les avis *bien prévus* des corps qui avaient été consultés, eurent pour effet le rétablissement de la contrainte. Le conseil des Cinq-Cents, après avoir déclaré l'urgence, prit la résolution suivante :

Art. 1er. La loi du 9 mars 1793, qui abroge la contrainte par corps en *matière civile* (1), est rapportée.

____

(1) Comment a-t-on dû entendre ces mots, *en ma-*

Art. 2. Les obligations qui seront contractées *postérieurement* à la promulgation de la présente loi, et pour le défaut desquelles les lois antérieures prononçaient la contrainte par corps, y seront assujéties comme par le passé.

Le Conseil des Anciens approuva l'acte d'urgence le 24 ventose an 5 (14 mars 1797).

Il semblait donc que pour l'application de la contrainte, on devait se conformer aux lois, et aux usages antérieurs.

---

tiére civile ? Déjà on avait lu dans un des décrets de la Convention :

« La Convention nationale, après avoir entendu le rap-
» port de son comité des finances, sur les exceptions que
» doit recevoir l'abolition de la contrainte par corps pour
» *dettes civiles*, etc. »

La Convention cependant avait bien entendu abolir la contrainte pour *dettes commerciales*, ainsi que pour *dettes civiles.*

Comme plusieurs fois on a compris, sous le mot *civil*, ce qui était à la fois *civil* et *commercial*, ne pourrait-on pas en induire que le législateur qui avait exempté les septuagénaires de la contrainte pour dettes civiles, s'est cru dispensé de répéter cette exemption pour dettes de commerce ? Observons que ce n'est que par interprétation du silence de la loi de germinal, que la contrainte a été appliquée aux septuagénaires.

« Il était d'ailleurs plus raisonnable et plus
» simple de faire revivre la législation établie par
» les ordonnances de 1667 et 1673 , subsistante
» encore au 9 mars 1793, que d'aggraver et d'é-
» tendre la rigueur de la contrainte à une époque
» où la France ébranlée dans son existence civile
» et commerciale , était encore aux prises avec ses
» farouches et insensés dominateurs? » (1).

Il ne s'agissait plus que de rendre uniforme
l'exécution de la contrainte. La France s'était
agrandie par la réunion de plusieurs départemens
étrangers , qui n'admettaient pas, en cette matière, les mêmes principes ni les mêmes formes.

Le conseil des Cinq-Cents chargea une commission spéciale de présenter un travail sur l'application du principe établi.

On ne pouvait plus revenir à la question de
savoir si la contrainte par corps était dans les intérêts de la société , servait le mieux les besoins
du commerce : il ne s'agissait plus de rechercher
si la détention des débiteurs était le moyen le plus
sûr, le plus juste, d'en obtenir l'acquit de leurs engagemens. On était dans l'obligation de tout rap-
porter aux termes même de la loi improvisée, et
aussi peu méditée , peut-être , que l'avait été
l'abolition de la contrainte ; mais , du moins

____

(1) Mémoire de M. Huet.

devait-on ne point perdre de vue les motifs qui avaient paru assez impérieux pour qu'on la jugeât d'une nécessité urgente. On avait été effrayé par le nombre des banqueroutes; mais il existait des lois qui traduisaient au criminel ceux qui s'en rendaient coupables; le commerce, disait-on, était en proie aux imprudentes spéculations d'hommes novices dans les affaires, aux audacieuses entreprises de gens sans honneur et sans aucune moralité; les uns et les autres se faisaient un jeu des faillites; mais la justice n'était-elle pas armée contre ces excès, et l'opinion en flétrissant les hommes reconnus pour s'en être rendus coupables, n'aurait-elle pas aidé l'action de la justice? ce n'était point contre des hommes de bonne foi, contre le malheur, même contre l'imprudence qu'on voulait introduire dans la loi des mesures d'une extrême rigueur, il fallait donc séparer la cause d'honnêtes débiteurs de celle d'hommes indignes d'être placés dans la même catégorie. Du moins, puisque la loi, faite uniquement pour les besoins et l'honneur du commerce, ne voulait atteindre que les personnes livrées à ses opérations, devait-elle, par une disposition précise et non équivoque, assurer, garantir l'exemption des non-commerçans, et empêcher ainsi que cette exemption fût méconnue.

La commission fit un premier rapport qui ne fut point accueilli. On lui reprocha de s'être trop servilement traînée sur les traces des belles ordonnances de 1667, et 1673.

Un autre projet fût présenté dans la séance du
15 brumaire, an 6. Le rapport fait par le représentant Ludot, devint la base de la résolution
adoptée par le conseil des Cinq-Cents, le 22 ni-
vôse an 6, et le 15 germinal suivant le conseil des
Anciens convertit en loi cette résolution.

IVe LETTRE.

Loi du 15 germinal an 6 (4 avril 1798).
Discussions dans les deux Conseils.

Cette loi est divisée en 3 titres,

1°. De la contrainte par corps en matière civile ;

2°. De la contrainte par corps en matière de
commerce ;

3°. Du mode d'exécution des jugemens empor-
tant contrainte par corps.

Je citerai celles de ses dispositions auxquelles
mes observations doivent plus particulièrement
s'attacher.

Titre 2. Art 1er. « *A dater de la publication de*
» *la présente loi*, la contrainte par corps aura
» lieu dans toute l'étendue de la république
» française,

» 1o. Contre les banquiers , agents de change ,
» facteurs et commissionnaires , dont la profes-
» sion est de faire vendre et acheter des marchan-
» dises ;

» 2o. De marchand à marchand pour fait de
» marchandises dontil se mêlent respectivement;

» 3o. Contre tous négociants et marchands qui
» signeront des billets pour valeur reçue comp-
» tant , ou en marchandises ;....

» 4o. Contre toutes personnes qui signeront des
» lettres de change ; ceux qui y mettront leur
» aval , qui promettront d'en fournir de place en
» place ;.... »

Titre 3. Art. 18. « Toute personne légalement
» incarcérée pourra obtenir son élargissement ;

» 1o. Par le consentement authentique du
» créancier ;....

» 2o. Par le paiement ou la consignation légale
» des sommes pour lesquelles on l'a constitué prisonnier ;....

» 3o. Par le paiement du tiers de la dette et une
caution pour le surplus ;...

» 4o. Par le bénéfice de cession ;

» 5o. Par la réunion des trois quarts des créances
» en sommes , pourvu que les créanciers ne soient
» que chirographaires ;

» 6o. De plein droit par le laps de cinq années
» consécutives de détention. »

Je vous ferai d'abord quelques remarques sur le
rapport du représentant Ludot.

« Il ne peut plus être question de l'utilité , des
» avantages et des inconvéniens de la loi qui a
» rétabli la contrainte par corps: *c'est une chose*
» *décidée.* »

Ainsi , la chose décidée eût-elle été contraire
aux droits de l'humanité et de la justice , ou aux
vrais intérêts du commerce , on n'y pouvait rien
changer , par la raison qu'elle avait été décidée.

M. Rossée , rapporteur de la commission au
Conseil des Anciens a regardé aussi comme une
conséquence nécessaire de la loi du 24 ventôse ,
des dispositions qu'il n'aurait point voulu justifier.

. « Il parut d'abord tout naturel dit M. Ludot, de
» revenir à nos anciennes lois, non parce qu'elles
» existent, mais parce que *la plupart de leurs dis-*
» *positions sont sages, qu'on l'a reconnu,* et qu'en
» matière de législation nous ne voulons rien chan-
» ger ou modifier que lorsque la nécessité l'exige...

» Il a fallu devenir plus sévère en matière de
» commerce qu'en matière civile. La cupidité s'y
» reproduit sous trop de formes pour qu'on ne soit
» pas obligé d'astreindre à des lois rigoureuses et
» sans exception de personne, *quiconque se livre à*
» *cette profession.* »

La cupidité était-elle moins active sous l'empire
des ordonnances de Louis XIV? et reconnaissez-
vous ici, Monsieur, la nécessité de substituer
des mesures trop acerbes, mais accommodées aux
circonstances, à des lois , à des usages dont on ju-

geait que plus d'un siècle avait démontré la sagesse , et qui dans notre nouveau système social
avaient plus besoin d'adoucissement que de rigueur ?

« Le sentiment d'humanité nous a fait suivre le
» citoyen malheureux dans la maison d'arrêt.

» Votre commission s'est particulièrement atta-
» chée à garantir les détenus de *tous* les abus
» que l'exécution de là loi qu'il s'agit de rendre
» peut quelquefois entraîner...

» La commission a voulu faciliter au débiteur
» de bonne foi tous les moyens d'opérer son élar-
» gissement...

» Elle a pensé que la contrainte par corps de-
» vant être dans les mains du créancier un moyen
» d'assurer son paiement, mais non d'exercer une
» rigueur inutile, l'incarcération d'un débiteur
» devait cesser dès lors que tout espoir de libéra-
» tion s'évanouissait. »

Admirez , Monsieur, la prévoyance du législateur ! l'expérience a démontré combien étaient
faux les motifs par lesquels il a voulu rassurer
sur les effets de la loi.

Le débiteur honnête et malheureux qui n'a pu
éviter son incarcération a beaucoup moins de
moyens d'obtenir sa liberté que le débiteur fripon
qui sait joindre l'adresse à la mauvaise foi : rien
ne garantit le débiteur des effets de la haine, de
la vengeance, de l'entêtement, des faux calculs
du créancier, et l'intérieur de Sainte-Pélagie offre

Je tableau des biens produits par la loi. On n'y voit guère que des débiteurs insolvables :

Mais c'est une chose remarquable que ce ton de raison, de douceur, d'humanité dans l'exposé des motifs et les considérants des lois sous lesquelles l'humanité a gémi davantage !

Écoutons présentement M. *Rossée* :

« L'homme civilisé doit faire le sacrifice utile
» d'une partie ds ses droits naturels pour la con-
» servation de ceux que la société lui garantit. Ce
» sacrifice est de rigueur quand le salut public le
» demande, et il devient de précepte quand il est
» exigé par un intérêt aussi majeur que l'est celui
» du commerce et de la morale. »

Si la liberté individuelle n'est pas un de ces droits dont il ne soit point permis à l'homme de faire le sacrifice, encore faut-il que l'utilité de ce sacrifice soit bien reconnue, et il est au moins doutenx que la privation de la liberté d'une foule de malheureux pères de famille, qui l'ont engagée à des usuriers, dans un pressant besoin, et pour un peu d'argent, profite à la morale et au commerce.

Observez que dans tout ce qu'on dit en faveur de la contrainte par corps telle qu'on a entendu l'établir, on fait regarder comme démontré ce qui est loin de l'être. Il était pourtant essentiel de commencer par porter sur le principe même la conviction dans les esprits.

« Le Corps législatif a sanctionné le principe,

» et il l'a sanctionné malgré les sophismes de ceux
» qui ne voulaient voir l'homme que dans l'état
» de nature, et qui s'égaraient en voulant conci-
» lier deux contraires, c'est-à-dire l'indépendance
» absolue du sauvage, et la dépendance néces-
» saire de l'homme civilisé. »

C'est par de tels lieux communs qu'on prend ses avantages ; c'est en exagérant, en dénaturant l'idée d'un adversaire, qu'on parvient à la faire déconsidérer. Ce reproche bannal d'une fausse philantropie n'a que trop contribué à faire donner à la loi ce caractère barbare dont les intérêts privés et les passions recueillent plus de fruits que la société n'en retire.

« Encouragés par l'autorité de l'histoire, les
» législateurs français ont vu que si dans les beaux
» jours de l'ancienne république romaine, la con-
» trainte par corps était établie dans son Code,
» ils pouvaient, dans un siècle où les mœurs sont
» moins pures, l'inscrire sur les Tables deslois de
» la grande nation. »

Comment M. le rapporteur a-t-il pu s'appuyer d'une pareille autorité ? et n'a-t-on pas vu sur les Tables des lois de la grande nation, de ces caractères sanglans plus effrayans que ceux qui, tracés sur les douze Tables, avaient fait retirer le peuple romain au Mont-Sacré ?

« La confiance établie par la contrainte par
» corps, la garantie qu'elle présente, doivent né-

» cessairement étendre les relations du commerce
» intérieur et extérieur. »

Nous verrons , Monsieur, si cette contrainte a procuré de si grands avantages au commerce, où en général la confiance se fonde sur d'autres titres que ceux qui accordent le droit d'emprisonnement. Et que devient la promesse de tant de bienfaits, si on reconnaît que la contrainte par corps ne s'exerce presque jamais par des commerçans, ni contre des commerçans ?

M. *Rossée* ne s'est point aperçu qu'il était dans une contradiction évidente, en présentant la loi comme ne devant atteindre que les personnes livrées à des opérations de commerce, et en signalant aux législateurs des hommes immoraux qui, étrangers au commerce et d'une mauvaise foi évidente, devaient principalement subir les rigueurs de cette contrainte par corps. Voulait-on, hors les cas de délit et de fraude, infliger une peine à des fautes , à des imprudences ? ces peines devaient du moins y être proportionnées.

La résolution éprouva, au Conseil des Anciens, une discussion assez approfondie pour qu'on fût en état d'en écarter les plus vicieuses dispositions. Elle fut attaquée dans son ensemble et dans ses détails.

M. le marquis *deMaleville* la trouva incomplète, souvent injuste, quelquefois inhumaine. Les expressions lui parurent obscures , insignifiantes.

M. *Lindet* la jugea trop favorable aux fripons,

ttrop sévère pour les débiteurs honnêtes et malheureux. Il reprocha au titre 2 concernant les matières
commerciales , d'avoir introduit dans la législation la plus grande des immoralités , et d'avoir
recherché dans les anciennes lois tous les cas aux-
quels la contrainte par corps était applicable.

« Si j'examine , dit-il , les circonstances dans
» lesquelles elle a été rendue , le but qu'on a voulu
» atteindre , l'extension qu'on lui donne par rap-
» port aux choses et aux personnes , les lieux où
» l'on permet de l'exercer , la puissance formi-
» dable dont on investit ses exécuteurs , je la
» trouve *injuste , impolitique , subversive de tous*
» *les principes de liberté , confondant toujours le*
» *crime et le malheur, l'intérêt privé et l'intérêt pu-*
» *blic , déployant toujours l'appareil de la guerre*
» *au lieu de la sévérité de la justice.* »

M. *Harmand de la Meuse* protesta qu'il préfé-
rait le régime des anciennes lois au danger d'a-
dopter celle qu'on proposait. Il la traitait de résolution funeste , devant donner lieu à des abus ,
à des désordres destructifs du crédit , du commerce , de tous les liens de la société.

D'autres, il est vrai, lui reprochaient une trop
grande indulgence et une trop grande économie
de la contrainte par corps.

Quelques-uns critiquaient les corrections faites
aux ordonnances do 1667 et 1673.

Presque tous blâmèrent le nouveau mode d'exécution.

M. Rossée lui-même vit dans la résolution des dispositions trop sévères ; il aurait désiré qu'en fournissant une caution solvable le débiteur put s'affranchir de l'incarcération , mais il trouvait un motif rassurant dans l'idée que *tout citoyen français aurait le droit de se soustraire à la contrainte par corps , puisqu'elle n'obligerait que ceux qui voudraient exercer une industrie particulière , ou qui s'y seraient soumis.* Il convint que la résolution à l'égard du fonds et de l'ensemble pouvait contenir des *lacunes* , des *incorrections*, mais il assura, au nom de la commission , que le *conseil des Cinq-Cents, éclairé par la discussion du conseil des Anciens , ne manquerait pas de perfectionner son ouvrage par des articles additionnels.*

Cette perspective d'articles additionnels donna un nouveau motif d'opposition.

« Si le principe d'expectative, dit *M. Armand
» de la Meuse* , pouvait-être admis , il n'est pas de
» loi, si incomplète, si incohérente, si contra-
» dictoire qu'elle soit, qu'on ne parvint à vous
» faire porter.

» Pourquoi, dit *M. Penau* , qui avoit jugé la
» résolution dangereuse par son ambiguité, pour-
» quoi multiplier les lois sans nécessité? le Code
» n'est déjà que trop volumineux. »

Beaucoup ne reconnaissaient pas l'urgence , et prétendaient que la loi du 24 ventôse était suffisante pour gouverner les matières commerciales jusqu'à l'émission d'une loi ultérieure.

« Le principe de la contrainte par corps, dit
» un membre, est rétabli par la loi du 24 ven-
» tôse, et quoique les lois qui en règlent l'appli-
» cation ne soient pas toutes en harmonie avec
» notre système politique et civil, cependant elles
» peuvent nous régir sans inconvénient, jusqu'à
» ce que le conseil des Cinq-Cents nous en pré-
» sente une plus complète.

» C'est, dit encore avec une sage prudence M. de
» Maleville, c'est cette résolution sur un objet
» aussi capital, qui intéresse aussi essentielle-
» ment la liberté individuelle, qui mérite une
» méditation aussi profonde, où par les lois exis-
» tantes, il y a si peu de raison de se hâter, c'est
» cette résolution qu'on prétend qu'il est si urgent
» d'approuver que pour le faire, vous ne devez
» pas-même vous arrêter sur les défauts qu'on lui
» avoue ? »

Malgré une grande force de raison dans les ob-
jections, et une grande faiblesse de moyens dans
la défense, et quoiqu'il n'y eût pas de véritable
urgence, cette résolution si vague, si incohérente,
que l'extrême divergence des opinions aurait seule
du faire ajourner, est devnue la loi qui depuis
plus de vingt ans régit la contrainte par corps,
loi qu'on n'a pu vouloir modifier, ou inter-
prêter, qu'en la viciant davantage.

Elle passa à une très-faible majorité : l'appel
nominal fût invoqué en vain; ou était pressé
de lever la séance.

Vᵉ LETTRE.

Rapports des Codes civil, de procédure civile et de commerce, avec la loi du 15 Germinal an 6 (4 Avril 1798).

CODE CIVIL.

Titre 16, art. 2065. « La contrainte par corps
» ne peut-être prononcée pour une somme moin-
» dre de 300 fr. »

Art. 2066. « Elle ne peut l'être contre les sep-
» tuagénaires, les femmes et les filles, que pour
» stellionat. Il suffit que la soixante-dixième année
» soit commencée, pour jouir de la faveur accordée
» aux septuagénaires. »

Art. 2070. « Il n'est point dérogé aux lois par-
» ticulières qui autorisent la contrainte par corps
» dans les matières de commerce. »

D'après cette disposition, il n'y avait rien de
changé à la loi de germinal, ni dans la jurisprudence qu'elle avait introduite, en matière de contrainte par corps, pour dettes commerciales ; mais
les articles que je viens de citer pouvaient aider

à interpréter la loi, à en réparer les omissions,
et à en remplir les lacunes.

CODE DE PROCÉDURE CIVILE.

Dans le titre 5 de ce Code, intitulé de l'*Exécution des Jugemens*, se trouve un Code particulier
(le titre 15), sur l'emprisonnement.

Les tribunaux de commerce ne connaissant pas
de l'exécution de leurs jugemens, on a pu croire
que les formes et les conditions d'exécution, soit
pour l'emprisonnement, soit pour l'élargissement,
prescrites par les articles composant ce titre 5 ,
embrassaient les jugemens rendus en matière
commerciale , comme en matière civile.

L'ART. 800 portant : « Le débiteur incarcéré
» obtiendra son élargissement , 1°. par...... 2°.
» par..... 5°. enfin , si le débiteur a commencé
» sa soixante - dixième année , et si dans ce
» cas il n'est pas stellionnataire , son application
» ne doit-elle pas se faire sans distinction de
» dettes ou civiles , ou commerciales, puisqu'on
  applique à toutes indistinctement les disposi-
» tions de rigueur que renferme le titre 15 ? »

Le Code de procédure civile ne contient d'ailleurs aucune disposition particulière concernant
les matières commerciales , etc.

L'ART. 1041 de ce Code, prononce seulement

l'abrogation de toutes lois, coutumes, usages et règlemens relatifs à la procédure civile.

» Ainsi, dans la combinaison qu'il peut y avoir à faire sur la contrainte par corps, avec les dispositions de la loi de germinal, si le Code offrait des adoucissemens, des facilités, des exemptions qui ne fussent pas exprimés dans la loi de germinal, c'est le Code qu'il faudrait faire prévaloir sur la loi antérieure, c'est par le Code que cette loi devrait être interprétée ; et réciproquement dans le cas où la loi du 15 germinal serait plus favorable aux débiteurs que le Code de procédure, c'est la loi de germinal qui devrait faire règle. C'est ainsi qu'on avait procédé pour les ordonnances de 1667 et 1673, dans l'application et l'exécution de leurs dispositions respectives (1). »

CODE DE COMMERCE.

C'est dans ce Code, promulgué en 1807, qu'auraient du être déterminées les limites du droit de contrainte par corps, en matière commerciale. On aura cru sans doute que la loi de germinal, bien entendue, ou bien interprêtée, était suffisante ; l'art. 637 est le seul qui fasse mention de

---

(1) Extrait du Mémoire de M. Huet.

la contrainte par corps, et c'est pour en affranchir les individus *non-négocians* qui auraient signé des *lettres de change réputées simples promesses.*

L'art. 112 de ce Code, désigne ainsi ces prétendues lettres de change.

« Sont réputées simples promesses, toutes let-
» tres de change contenant supposition, soit de
» nom, soit de qualité, soit de domicile, soit des
» lieux d'où elles sont tirées, ou dans lesquels elles
» sont payables. »

L'art. 632 porte : « La loi répute actes de
» commerce entre toutes personnes, les lettres de
» change ou *remises de place en place.* »

L'art. 636 porte : « Lorsque les lettres de
» change ne seront réputées que simples pro-
» messes......, le tribunal de commerce sera tenu
» de renvoyer au tribunal civil, s'il en est requis
» par le débiteur. »

Enfin l'art. 637 : Lorsque ces lettres de
» change (réputées simples promesses), porteront
» en même temps des signatures d'individus négo-
» cians, et d'individus non-négocians; le tribunal
» de commerce en connaîtra, mais *il ne pourra pro-*
» *noncer la contrainte par corps contre les indi-*
» *vidus non-négocians, à moins qu'ils ne soient*
» *engagés à l'occasion d'opérations de commerce.*

Le même Code règle aussi au titre des faillites, le sort des commerçans tombés dans cette classe, et il résulte des dispositions de ce titre, art. 455, 466, et 467.

1°. Qu'après la déclaration de la faillite , le tribunal de commerce ordonne le dépôt de la personne du failli dans la maison d'arrêt pour dettes , ou la garde de sa personne par un officier de police ou de justice , ou par un gendarme, et qu'il ne pourra, en cet état, être reçu contre le failli d'écrou ou de recommandation , en vertu d'aucun jugement du tribunal de commerce ; (art. 455).

2°. Qu'après l'apposition des scellés, et le compte rendu par le commissaire de la faillite , de l'état apparent des affaires du failli, le commissaire peut proposer , et le failli lui-même demander sa liberté pure et simple, avec sauf-conduit provisoire de sa personne.

Ce sauf-conduit est toujours accordé dans le cas de faillite proprement dite : les cas de banqueroutes simple ou frauduleuse , supposant un délit ou quasi-délit, ressortent aux tribunaux de police correctionnelle ou de justice criminelle , et sont hors de la loi de contrainte par corps , établie contre le simple débiteur.

Du reste, le Code de commerce a , par son silence, laissé subsister la loi de germinal, et l'application que les tribunaux étaient dans l'usage de faire de cette loi , indépendamment du Code civil et du Code de procédure civile ; et c'est toujours en vertu des lois du 24 ventose an 5, et du 15 germinal an 6, et *sans aucune mention de l'un ou de l'autre Code*, que le tribunal de commerce du département de la Seine a continué jusqu'à présent de prononcer la contrainte.

VIᵉ. LETTRE.

Variations de la Jurisprudence.

Les différens tribunaux ont jugé diversement trois principales questions :

1°. Celle de la rétroactivité (même quant aux engagemens antérieurs à 1793) de la loi du 24 ventose, qui a rétabli la contrainte par corps abolie par la loi du 9 mars 1793;

2°. Celle de l'affranchissement de plein droit par le laps de cinq années consécutives de détention ; disposition sur laquelle l'art. 800 du Code de procédure civile a gardé le silence;

3°. Celle de l'affranchissement des débiteurs qui n'étant pas stellionataires, auraient commencé leur soixante-dixième année.

On se trompe si on croit que la contrainte par corps ne s'exerce plus pour des engagemens contractés ou des jugemens rendus avant son abolition en 1793.

Comme on ne doit pas faire fonds sur l'humanité ou sur la justice de tous les créanciers, il suffirait que de pareils titres pussent faire emprisonner des débiteurs, pour que je vous parle de ce qui est relatif à la première question.

La loi d'abolition était pure et simple. Quelque reproche qu'on ait pu faire à d'imprudens législateurs, on ne peut contester qu'ils ont voulu affranchir de la contrainte par corps les engagemens contractés à cette époque, comme ceux qui le seraient par la suite.

Mais l'art. 2 de la loi de ventose pour le rétablissement, portant :

« Les obligations qui seront contractées *posté-* » *rieurement* à la promulgation de la présente loi, » et pour le défaut d'acquittement desquelles les » lois antérieures prononçaient la contrainte par » corps, y seront assujetties comme par le passé, » pouvait-il rester aucun doute sur l'affranchissement des débiteurs engagés soit avant la loi d'abolition, soit dans le cours du temps qui s'est écoulé depuis cette abolition jusqu'au rétablissement ?

La loi eût-elle été injuste, cette injustice était consommée ; vouloir la réparer en partie par une rétroaction, c'était faire ce qui n'est permis dans aucune législation. Le rapport d'une loi ne peut pas plus qu'aucune loi, avoir un effet semblable. La nouvelle loi ne disposait évidemment que pour l'avenir.

Je vous ai déjà dit, Monsieur, ce qui devait rendre plus respectable, plus intéressante la cause des débiteurs se trouvant dans la position dont il s'agit.

Les tribunaux n'en ont pas moins varié dans leurs décisions. Le tribunal de commerce de Paris avait prononcé la contrainte par corps contre un de ces débiteurs ; le tribunal d'appel rendit, le 18 novembre 1805, le jugement suivant :

« Attendu que la contrainte par corps a été » abolie par la loi du 9 mars 1793, fait défense » de passer outre à l'exécution de la contrainte. »

Dans une pareille position, la Cour de cassation, par son arrêt du 25 janvier 1801, confirma le jugement par contrainte, *attendu que la loi du 9 mars 1793 avait été rapportée.*

Depuis ce temps, différens tribunaux ayant rendu des jugemens en faveur des débiteurs qui repoussaient l'effet rétroactif, la Cour de cassation, sur les pourvois, a continué de prononcer de la même manière, notamment dans ses arrêts des 27 octobre 1806, 2 et 3 août 1808, etc.

Présentement des tribunaux décident encore diversement la question, et d'habiles jurisconsultes persistent à croire qu'on ne peut appliquer à des engagemens contractés antérieurement à 1793, eussent-ils été suivis de condamnation par corps, la contrainte qui, suivant les termes de la loi rendue en 1797, n'a pu avoir d'application que pour des obligations postérieures à sa promulgation.

La seconde question , celle de l'élargissement du débiteur¹ de plein droit par le laps de cinq années , n'aurait point dû diviser les tribunaux ; ce laps de temps avait été mis dans la loi de germinal parmi les causes d'affranchissement. Le silence gardé sur cette disposition par le Code de procédure civile promulgué postérieurement , est devenu fatal à beaucoup de débiteurs. Enfin , la justice n'a plus eu ce problème à résoudre. La Cour de cassation a reconnu que l'affranchissement du débiteur après cinq années de détention , établi par la loi de germinal , à laquelle les Codes n'avaient point dérogé , devait être maintenu.

Cependant ce terme de cinq années a encore été méconnu dans le projet de loi adopté dans la session de 1817 , par la Chambre des députés , et rejeté par celle des pairs.

La cause des septuagénaires y était également perdue.

Dans la plupart des tribunaux , on n'a point interprété en leur faveur le silence de la loi de germinal , comme l'avait été celui de l'ordonnance de 1673. Le tribunal de commerce de Rouen avait adopté la réclamation de l'un d'eux. La Cour d'appel de cette ville , par son arrêt du 18 juillet 1805 , infirma jugement. Le Conseil-d'état donna , le 29 novembre 1805 , un avis contraire au bénéfice des septuagénaires.

L'article 800 du Code de procédure civile sur l'emprisonnement a accru les difficultés ; il affranchit les septuagénaires de la contrainte, sans distinction de matière civile et de matière de commerce.

Revoyez, Monsieur, ce que je vous ai dit à ce sujet dans ma précédente lettre.

Le 10 juin 1807, la Cour de cassation rejeta le pourvoi d'un septuagénaire.

Le 26 novembre 1812, la Cour de Caen jugea que les dispositions du Code de procédure devaient être regardées comme maintenant ou faisant revivre l'ancienne législation en faveur des vieillards. Sur le pourvoi d'office en cassation, le procureur général, M. Merlin de Douay, parvint, à force d'argumens, à faire casser cet arrêt de la Cour de Caen. Les doctrines qu'il a établies n'ont point prospéré dans une partie des tribunaux. Les propres lumières et la conscience des magistrats sont ce qu'ils doivent principalement consulter dans l'application des lois.

Enfin, je dois le répéter ici, il y a toujours diversité de jugemens sur les prétendues lettres de change, ou lettres de change simulées, diversité causée par la difficulté de reconnaître leur vrai caractère.

Vous avez vu, Monsieur, que la nécessité *urgente* d'uniformiser la législation sur la contrainte par corps avait fait passer sur les vices reconnus du projet de la loi de germinal. Vous pouvez juger à présent si cette uniformité a été établie.

VIIᵉ. LETTRE.

Contrariété entre l'intention de la loi et son exécution. Privilége des faillis.

———

Il arrive presque toujours, Monsieur, que lorsqu'une loi de rigueur est rendue, l'autorité qui s'en empare ajoute encore à ses rigoureuses dispositions. Et quelle est la loi de cette nature que ses exécuteurs, en cherchant des alimens à leur cupidité, n'aient pas su rendre plus oppressive ?

Ce n'est point sans raison qu'on se plaint de la manière dont s'applique celle qui régit la contrainte par corps pour dettes. Avant même que les causes soient portées au tribunal, les huissiers préviennent les jugemens, et ne manquent point de donner la qualité de négocians à des débiteurs qu'ils savent, comme tous ceux qui les connaissent, être absolument étrangers au commerce; et cela dans l'intention évidente de les faire tomber sous le poids de la contrainte par corps. La prévention s'établit d'abord par la qualité qui leur est donnée, et souvent cette qualité devient funeste à ceux qui ne peuvent se défendre. Quelle confiance doivent avoir des juges dans les actes d'officiers qui commencent par les tromper sur la qualité ou la profession des personnes qu'ils appellent devant eux ? La qualité ou la profession aiderait le tribunal à connaître la nature de l'engagement. Pourquoi un homme notoirement connu pour être avocat, ou médecin, ou militaire, ou architecte, est-il cité comme négociant ? Si l'état d'un débiteur ne se connaît point, l'huissier ne peut-il mettre sur son acte, *état inconnu ?*

Dans presque toutes les affaires qui lui sont soumises, le tribunal de commerce du département de la Seine condamne à payer par corps. Cinquante arrêts de prises de corps sont rendus en moins de deux heures, et en grande partie, ainsi que je l'ai déjà dit, contre des personnes étrangères au commerce, ou n'ayant point fait acte de commerce. Beaucoup, condamnés par défaut, négligent de former opposition dans les délais. Surpris, dans un temps où ils sont dans l'impuissance de payer leur dette accrue du double par les frais, ils vont en prison. Ceux des débiteurs qui, sans faire aucun commerce, se·sont engagés par un titre ayant la forme d'une lettre de change, se défendent en vain, ou forment en vain une opposition à un jugement par défaut : on ne les écoute point ; on ne les admet point à prouver que la lettre de change est simulée, qu'il y a supposition de noms, de qualités ou de lieux, qu'il n'y a point eu remise de place en place ; la contrainte

par corps est prononcée ou confirmée, et la décision est plus souvent celle des commis-greffiers
que celle des juges. On ne peut imaginer avec
quelle légèreté la foudre est lancée sur des familles,
sous le prétexte des besoins du commerce, qui
ne profite en rien de cette violation de la loi.

Tel n'est pas le sort des débiteurs commerçans ;
du moins les jugemens par corps prononcés contre
eux ne s'exécutent pas, ou ne s'exécutent que
contre quelques-uns hors d'état de profiter du privilége des faillis.

Le tribunal n'a point, dit-on, assez de temps
pour examiner et juger le mérite des preuves que
les débiteurs offrent de fournir qu'ils ne font aucun commerce, qu'ils ne se sont pas engagés pour
fait de commerce, qu'une lettre de change a été
simulée ; assurément le tribunal aurait bien des
moyens de pouvoir apprécier les déclarations,
sans nuire à la célérité des affaires, surtout lorsque
ces déclarations sont appuyées de preuves écrites,
mais cette difficulté qu'on oppose est-elle une raison suffisante pour que des juges rendent, au mépris de la loi, des jugemens qui peuvent avoir les
effets les plus désastreux ? Et dans l'embarras de
leur position, n'ont-ils pas dû en instruire les législateurs ? car ce n'est point pour qu'elle restât
sans une juste application, que l'exemption établie en faveur des lettres de change simulées a été
mise dans la loi ; ce n'est point illusoirement que
les législateurs ont, dans tous les temps, exprimé

leur intention pour que , hors des faits de commerce, les individus non négocians ne fussent pas soumis à la contrainte. Une simple acceptation n'est point une preuve qu'il y ait eu fait de commerce , puisqu'elle se met aux simples mandats , comme aux véritables lettres de change.

Afin de jeter plus de lumière sur le différent sort qu'éprouvent, malgré la loi, les commerçans et les non commerçans , je vous rapporterai textuellement ce qu'en a dit M. le duc de Broglie à la Chambre des pairs (séance du 25 avril 1798.)

« Depuis vingt ans que la contrainte par corps
» est rétablie, chaque année a été signalée par un
» bon nombre de faillites plus ou moins célèbres.

» Peut-on citer un seul *négociant* , un seul *ban-*
» *quier* de quelque réputation qui ait été enfermé
» à Sainte-Pélagie?

» Je ne le pense pas.

» Et pourquoi, Messieurs ?

» C'est que la contrainte par corps n'est pas , en
» réalité, applicable aux *vrais commerçans ;*

» C'est qu'il y a contradiction entre le principe
» de nos lois et leur exécution ;

» C'est que, tandis qu'on établit, d'un côté, la
» nécessité d'un appareil menaçant , on s'arrange
» de l'autre pour y dérober ceux-là précisément
» contre lesquels la menace est fulminée.

» Que les choses soient telles, on peut le prouver
» la loi à la main.

» Quand un commerçant est-il contraignable par
» corps ?

» Quand il cesse de payer ses engagemens.

» Que devient-il alors, s'il n'est pas *banque-*
» *routier ?*

» C'est un *failli.*

» Laissons-là le banqueroutier criminel, pour-
» suivi à la diligence du ministère public, et n'ap-
» partenant plus à la masse de ses créanciers ; vo-
» yons le *failli.*

« Tout commerçant qui cesse ses payemens ,
» est tenu dans les trois jours, de déclarer sa
» faillite , à peine d'être présumé banqueroutier,
» et poursuivi criminellement. (Code de com-
» merce, art. 587). Dès qu'il l'a déclarée, sa per-
» sonne est mise en sûreté contre tout créancier
» quelconque : les syndics de la faillite en reçoi-
» vent le dépôt. (Code de commerce, art.
» 454) (1).

» Du moment où ils se sont assurés par l'ins-
» pection de ses livres qu'il n'y a point de pré-
» somption de fraude de sa part, ils le mettent
» en liberté avec un sauf-conduit : (Code de com-
» merce, art. 466 et 467) pour lors, ou il transige
» amicablement avec ses créanciers ,(c'est le cas le
» plus ordinaire), ou il leur fait l'abandon de tout

---

(1) La mise en dépôt dans une maison d'arrêt du débiteur failli est une affaire de forme, elle ne s'effectue pas.

» ce qu'il possède , lequel abandon est une cession
» de biens très-réelle, une cession sans frais, sans
» formalité qui répugne , (selon ce qui est pres-
» crit au Code du commerce, section 3, du chap.
» 8, du titre 1er. du livre 3 , *de l'Union des*
« *Créanciers*).

« En deux mots le Code des faillites est com-
» biné pour préserver le commerçant de la con-
» trainte par corps.

» Le bénéfice de failli succède pour lui à l'état
» de négociant solvable.

» Si cette circonstance n'est pas écrite expres-
» sément dans le Code , elle résulte rigoureuse-
» ment de ses dispositions , et les faits viennent à
» l'appui.

» Ainsi le législateur s'est jeté sans s'en ap-
» percevoir , dans des contradictions perpé-
» tuelles.

» Deux sortes de personnes, en réalité, sont expo-
» sées à la contrainte par corps ;

En premier lieu , les non - commerçans qui
» déguisent une dette purement civile , sous un
apparence commerciale , en d'autres termes
» qui souscrivent ou endossent une lettre de
» change , parce que la remise de place en
» place qui fait l'essence de ces lettres de
» change, est réputée fait de commerce; selon
» l'art. 632 du commerce , portant : *la loi ré-*
» *pute actes de commerce entre toutes personnes ,*
» *les lettres de change ou remises de place en place.*

» **Ce** sont là presque les seuls débiteurs qui peu-
« plent habituellement Ste.-Pélagie, ce sont du-
» moins les seuls dont la dette soit de quelque va-
» leur. Si vous compulsez à présent les registres de
» cette déplorable demeure, sur cent-trente déte-
» nus, vous en trouverez au-delà de quatre-vingts
» qui n'ont rien de commun avec le commerce.

  » Ceux-là, je le répète, je ne me lasse point de
» le répéter, sont détenus pour une cause illicite,
» leur arrestation est subreptice.

  » *La loi ordonne aux tribunaux, en leur qua-*
» *lité de tribunaux d'équité et de conscience, d'an-*
» *nuler ces lettres de change frauduleuses,* (*Code*
» *de commerce,* art. 637).

  » La seconde espèce de personnes que frappe la
» contrainte par corps appartient en effet au
» commerce, si l'on consulte la patente, si l'on
» presse la définition jusqu'à l'extrême rigueur;
» ce sont des travailleurs, commerçans pour un
» tiers, artisans pour le reste, tous gens vivant
» avec peine de plusieurs industries différentes,
» trop ignorans, la plupart, pour tenir des re-
» gistres en règle, et profiter du bénéfice de la
» faillite.

  » Sur quarante détenus environ que les re-
» gistres actuels de Sainte-Pélagie énoncent sous
» la rubrique *commerçante*, on trouve deux com-
» mis marchands, trois vinaigriers, un blanchis-
» seur, un marchand de vaches, deux tailleurs,
» un fripier, un porteur de charbon.

» Dire si le moyen de coërcition tant vanté a
» quelqu'effet salutaire à l'égard de ces pauvres
» gens, c'est une question qui pourrait-être con-
» troversée.

VIIIe. LETTRE.

*La contrainte par corps est-elle nécessaire,
est-elle utile au commerce?*

Voyons, Monsieur, si la contrainte par corps,
telle qu'elle a lieu chez nous, est véritablement
nécessaire à la prospérité du commerce, et si la
société en retire de grands avantages. Je remarque
dans ce qu'on en a dit jusqu'ici, plus d'assertions
que de preuves.

»La contrainte par corps donne aux obligations
» entre citoyens, la sûreté et la solidité qui seules
» peuvent faire jouir le commerce de la splendeur
» et de la supériorité qu'il doit avoir.
(*Déclaration d'urgence du Conseil des Cinq-Cents*).

» La contrainte par corps sert de garantie à tout
» effet commercial.

» La confiance qu'établit la contrainte par corps
» devant nécessairement étendre les relations du
» commerce intérieur et extérieur, qui se trouvent
» toujours limitées, ou par l'absence du signe in-

» termédiaire qui le vivifie, ou par celle de la con-
» fiance qui supplée à l'insuffisance du numéraire,
» la contrainte par corps est pour chaque indi-
» vidu, et pour le commerce en général, un cré-
» dit qu'offre le peuple à ses concitoyens.

» Sous ces deux rapports elle est infiniment
» utile à l'industrie française.

(*M. Rossée, dans la justification de son rapport*).

» Les opérations de commerce se font avec con-
» fiance, avec rapidité, et plus sur la foi du crédit,
» que sous la garantie d'une fortune positive. Les
» engagemens du négociant, circulent dans toutes
» les places de l'Europe, où ils servent d'aliment
» à de nouvelles spéculations ; leur inexécution
» entraîne des bouleversemens, des faillites. On ne
» peut prévenir ce désordre que par des mesures
» promptes et efficaces.

« On a prêté sur la personne, plutôt que sur
» des biens qui n'ont pas d'assiette fixe.

» La personne doit donc toujours être engagée.

(*M. le Garde-des-Sceaux, à la Chambre des
Députés, Mars* 1818).

» Il faut que les effets commerciaux, surtout
» les lettres de change, jouissent du plus grand
» crédit, et présentent la plus grande sûreté.

» Les effets commerciaux remplacent le numé-
» raire :

» Ils facilitent aux commerçans et aux fabri-
» cans des moyens d'emprunt et de crédit :

» Ils épargnent les transports d'argent.

Voilà , je crois , les principaux motifs sur les-quels s'appuie la loi de contrainte par corps en matière de commerce.

C'est encore par des citations que je veux répondre à ce qui a été dit de la nécessité ou de l'utilité de cette mesure.

« Dans le choix qu'un commerçant fait d'un
» correspondant ou d'un débiteur, il ne songe pas
» à demander s'ils sont contraignables. C'est leur
» vie qu'il interroge, c'est leur bonne conduite,
» c'est leur habileté, c'est le capital dont ils dis-
» posent, ce sont enfin leurs bonnes qualités ,
» leurs ressources, et leurs talens dont il veut la
» garantie, et le simple soupçon d'un recours à
» la justice serait un motif suffisant d'éloigne-
» ment ou de rupture ; dans l'admission même
» que l'on fait à l'escompte ou en payement des
» lettres ou billets de change, (ces effets privilé-
» giés mis sous la protection spéciale de la loi ,)
» le véritable commerçant ne s'informe jamais si
» à l'échéance on pourra saisir la personne de
» ceux qui les ont signées. Cette question toute
» seule supposerait l'absence du crédit , et plutôt
» que de la faire, on rejeterait la proposition d'un
» papier suspect. Consultons à cet égard les ad-
» ministrateurs de la banque : assurément il ne
» leur arrive guère de faire entrer dans l'appré-
» ciation des valeurs admises dans le porte-feuille
» de la banque , moyennant trois signatures , le
» droit de contrainte attaché à la forme de l'en-

» gagement, et il est probable que jamais non-
» plus, il ne leur est arrivé d'en faire usage. Si
» cette mesure de rigueur n'atteint guère les com-
» merçans dans leur disgraces, c'est qu'alors,
» comme auparavant, la présomption de bonne foi
» et de droiture, attachée à l'exercice de leur pro-
» fession, les recommande à la bienveillance de
» leurs créanciers. Sans doute quand il y a délit
» ou fraude (triste exception, qui peut se rencontrer dans toutes les conditions de la vie),
» Le commerçant *coupable* ne doit pas échapper
» *à la peine*, et il subit en cela la loi commune,
» mais il ne s'agit ici que de torts qui, sous le nom de
» *fautes* et de *malheurs*, rentrent dans le domaine
la sagesse et de la fortune. (*Mémoire de M. Huet*).

» **La méfiance** et le crédit ne vont jamais en-
» semble, et celui-ci s'est enfui depuis long-temps
» lorsqu'il faut arborer le pavillon de détresse, et
» songer aux voies d'exécution.

» **Que** si voulez vous assurer de la vérité de ce
» que j'avance, descendez un instant à l'examen
» des pratiques commerciales.

» **Cette** contrainte par corps dont on fait tant
» d'état, sert de garantie à tout effet de circula-
» tion quelconque: pensez-vous qu'elle leur donne
» à tous la même valeur ?

» **Pensez-vous** qu'elle leur facilite l'escompte et
» l'endossement au même degré ? Nullement.

» **Tout** effet se négocie, non pas en raison du

» moyen coërcitif, c'est-à-dire du doute ou de la
» faculté de son paiement, mais en raison, au
» contraire, de la certitude et de la facilité de ce
» paiement.

» Une maison de commerce se décide à prendre
» un effet à l'acceptation ou à l'escompte, non pas
» à cause de trente signatures d'inconnus qu'un
» protêt peut envoyer coucher en prison, mais à
» cause d'une ou de deux signatures bien con-
» nues, qui ne laissent pas même approcher une
» pareille idée.

» Otez les signatures inconnues, l'effet n'en sera
» pas moins admis : ôtez les signatures connues,
» il sera refusé, portât-il cent fois davantage des
» noms ignorés, et eût-on le droit de faire infliger
» la question à chacun des signataires.

» La moindre crainte, le plus léger soupçon,
» la nuance d'appréhension la plus fugitive, suf-
» fisent, et heureusement, pour fermer le porte-
» feuille des bonnes maisons de commerce.

» Je le répète, on prête *à la personne* et non *sur*
» *la personne* ; à son activité, à sa présence d'es-
» prit, à sa vigilance, à sa bonne réputation, à
» l'ensemble de ses affaires.

» Vous renouvelleriez la loi des *douze Tables*
» de *debitore in partes secando*, vous permettriez
» de stipuler les *membres* et la *chair* du débiteur,
» que le débiteur ne trouvera de crédit qu'auprès
» de ceux qui le connaissent, et qui le connaissent
» pour bon débiteur. » (*M. le duc de Broglie*).

Il en est autrement pour des hommes qui, sans offrir le caractère de débiteurs solvables, trouvent à emprunter de capitalistes qui ne les connaissent guère, et qui n'ont rien moins que le désir de les obliger. C'est ce dont je vous instruirai en vous parlant des abus de la lettre de change. Mais on ne dira pas que l'intérêt du commerce, ainsi que celui des mœurs, soit ici pour quelque chose.

« Qu'on présente à un capitaliste une traite
» souscrite par un homme solvable, mais mau-
» vais payeur, ou connu pour faire attendre, ou
» pour ne payer que sur la présence d'un huis-
» sier, le capitaliste refusera la traite. Le porteur,
» en parlant de la ressource de la contrainte par
» corps, augmentera la répugnance. La crainte
» seule d'être obligé d'employer un huissier pour
» faire un protêt à l'échéance, discréditera la
» lettre de change la plus régulière.

» On motive encore la nécessité de la contrainte
» par corps sur la rareté du numéraire, quoique
» les caisses en soient bien pourvues, surtout la
» banque de France.

» Les billets de caisse suppléant le numéraire,
» suppléeraient à sa rareté, si elle existait réelle-
» ment; mais les lettres de change qui sont elles-
» mêmes une marchandise, dont il faut à chaque
» endossement calculer la valeur qui dépend de
» l'intérêt ou du temps qu'elles ont à courir, loin
» d'accélérer et de faciliter les paiemens, d'éco-

» nomiser, de remplacer le numéraire, ne peu-
» vent produire que des effets opposés.

 » Les transports d'argent étant devenus très-
» faciles, on peut faire des remises de place en
» place, sans recourir aux lettres de change. La
» majeure partie des remises ne se fait point par
» elles; ce sont des mandats, des lettres de crédit,
» des compensations, des réglemens de compte,
» ou tout autre correspondance qui suppléent les
» lettres de change. »
(*M. de Saint-Aubin*, *Essai sur la contrainte par*
corps.)

 « Les ventes à terme ne se font jamais **sans que**
» le vendeur ne prenne des renseignemens **sur**
» l'acheteur, sur sa moralité, sur ses facultés **et**
» son exactitude. Cet usage est reçu dans le com-
» merce; loin de s'en formaliser, on le provoque :
» il a même lieu de nation à nation, et toujours
» les informations et les renseignemens précèdent
» les moindres affaires commerciales. (*Mémoires*
» *de M.* ***).

 » Dans le commerce on *prête*, dit-on, à la *per-*
» *sonne* ; cela ne signifie pas qu'on doive prendre
» cette *personne* comme un *gage*, car elle n'en est
» pas un, mais bien comme un *garant*. Sa vertu,
» sa bonne foi, son travail peuvent l'être.

 » **On choisit ceux à qui l'on veut avoir affaire:**

» on est trompé quelquefois , et c'est presque
» toujours par sa faute, parce qu'on a mal choisi.
» Les commerçans le sont rarement, parce qu'ils
» ont un double intérêt à bien choisir. » (*Dupont
de Némours.*)

« On veut justifier la contrainte par la néces-
» sité de favoriser les prêts ou emprunts comme
» moyen d'échange et de reproduction , les prêts
» ou emprunts en argent ont pour objets des dé-
» penses productives ou improductives , celles de
» luxe et de superfluités , et celles qui profitent à
» la société, au commerce, à l'agriculture. Il se-
» rait d'une bonne politique d'entraver les pre-
» mières; il serait à souhaiter qu'on ne pût obtenir
» un fort crédit qu'en présentant une réputation
» de probité.

» Le plus grand nombre emprunte pour dépen-
» ser d'une manière improductive. Il est de l'in-
» térêt du gouvernement, du commerce et de la
» société en général, de ne pas favoriser, par des
» contraintes par corps, les prêts aux non com-
» merçans. Les prêteurs par état, les usuriers qui
» favorisent ceux qui ne produisent rien , pro-
» fitent seuls de l'imprévoyance et de l'inconduite
» des emprunteurs : seuls ils usent de la con-
» trainte. »

(*Essai sur la contrainte par corps.*)

Ces citations peuvent au moins faire douter de
l'utilité du droit d'incarcérer des débiteurs pour
accréditer les effets commerciaux ou favoriser la

circulation, et suppléer, par eux au manque de numéraire ; pour donner plus de facilité aux échanges, de développement à l'industrie, d'activité aux manufactures, en un mot, peuvent faire douter que ce fameux droit, qui fait exception au droit commun, ait les grands avantages qu'on lui suppose.

C'est dans la vue de prévenir ou d'arrêter les faillites, que la contrainte par corps a été invoquée. Lorsque des chambres de commerce, le gouvernement, des orateurs, en ont voulu faire sentir la nécessité, ils n'ont entraîné les esprits que par le tableau des désordres causés par les faillites ou les banqueroutes. Je vous ai dit comment les faillis s'affranchissaient de la contrainte: quand la disposition du Code qui les protége n'aurait pas lieu, jugez si le fruit que retirerait le commerce de cette contrainte dédommagerait des effets cruels de cette rigoureuse législation.

IXᵉ LETTRE.

Quels sont ceux que la loi atteint?

Veut-on considérer les produits de la loi dans les hommes qui en sont frappés ? l'intérieur de Sainte-Pélagie les fait suffisamment connaître.

59

Le nombre des détenus était, au mois de mars
1818, de . . . . 130.

Au mois de mars 1819, de . . 143.

Au mois de mars 1820, de . . 171.

Mais quels sont ces hommes dont toutes les facultés physiques et morales sont perdues pour la société , pour leurs familles , pour eux-mêmes ? Des militaires, des propriétaires ou cultivateurs, d'anciens fonctionnaires publics, des littérateurs, des artistes, des fils de familles riches, des particuliers sans profession, des agens d'affaires, des commis, beaucoup d'ouvriers, de journaliers, de marchands d'un ordre inférieur, très-peu de banquiers, de négocians.

C'est ainsi que se compose presqu'en tout temps la bisarre agrégation des débiteurs à Sainte-Pélagie.

La plupart de ceux qui appartiennent à la classe marchande ne s'y trouvent que pour n'avoir pas eu de quoi fournir aux frais d'une union de créanciers ou d'un concordat.

« On y chercherait en vain de ces banquiers ou
» négocians en faillite dont il pourrait importer
» au monde commerçant que la signature fût ac-
» compagnée de toute la garantie promise par la
» loi ; et qui, vu l'étendue de leurs opérations et
» la distance de leurs rapports, ne sauraient offrir
» trop de gages à la foi publique : leurs créanciers,
» d'ailleurs, les prennent, pour ainsi dire, sous

» leur protection ; ils savent que la prison achè-
» verait de détruire leurs ressources.

» Assurément un commerçant jaloux de l'estime
» publique et de la sienne propre , rougirait de
» figurer comme *incarcérateur* sur les registres
» d'une prison. » (*Mémoire de M. Huet*).

Les registres de Sainte-Pélagie en font foi ; on
peut s'y convaincre que les incarcérateurs et les
incarcérés sont presque tous étrangers au commerce.

Malgré les ménagemens gardés à des hommes
connus dans la banque et dans le commerce , la
crainte de l'incarcération contribue à accroître le
nombre des faillites. Pour s'y soustraire , des négocians ou des marchands contre lesquels des jugemens par corps ont été obtenus , s'empressent
de déposer un bilan qui leur fraie une voie dans
laquelle ils peuvent rester libres.

Je reviens aux petits marchands.

« Ceux-là ne commercent en général que pour
» un quart ; ils fabriquent pour les trois quarts ,
» et ne vendent guère que le produit de leur tra-
» vail. Ils ne sont compris dans la catégorie des
» commerçans , qu'à cause de leur patente exigée
» par le fisc. Leur travail ingrat et précaire suffit
» à peine à leurs besoins. Obligés souvent de faire
» du crédit, ils sont souvent trompés , et plus su-
» jets à manquer que ne le sont les négocians pro-
» prement dits. La plupart ne sachant pas tenir
» leurs livres, quelquefois même écrire, ne peu-

» vent justifier de leur situation, et profiter du
» Code des faillites. Un billet de 100 francs sous-
» crit ou endossé par eux, suffit pour les faire
» conduire à Sainte-Pélagie, et les gens d'affaires,
» les gens de loi achèvent de les ruiner. » (*Essai
sur la contrainte par corps*).

Que deviennent alors leurs femmes, leurs enfans? (1).

A la vérité, il se trouve dans les maisons d'arrêt
pour dettes, des fripons et de ces jeunes gens qu'on
appelle *de mauvais sujets*, des joueurs, des dissi-
pateurs, etc. C'est ce qui fait qu'en général on
plaint peu les débiteurs détenus; c'est ce qui porte
des législateurs à les faire paraître moins intéres-
sans; mais du moins qu'on n'applique la peine
qu'à ceux qui la méritent, et qu'on ne leur applique que la peine méritée! Au surplus, de quel
intérêt tout cela peut-il être pour le commerce?

***

Xe. LETTRE.

A qui la loi profite-t-elle?

———

Je crois, Monsieur, vous avoir démontré que
l'intention du législateur, dans l'établissement de

———

(1) Privés de moyens d'existence, les femmes mendient
ou meurent de besoins, les garçons volent, et les filles!....»

la contrainte par corps pour dettes de commerce ;
n'avait pas été remplie ; que les effets qu'on s'en
était promis étaient paralysés par le privilége des
faillis ; qu'elle contribuait à en augmenter le nombre ; qu'elle ne frappait guère que des malheureux
étrangers au commerce ; qu'en général les négocians, les banquiers n'en faisaient point usage, et
que ce n'était pas le droit de contrainte qui don-
nait du crédit à leurs effets.

A qui profite donc cette loi véritablement formidable, qui fait verser tant de pleurs, qui porte
dans beaucoup de familles la terreur, la désola-
tion, la honte et souvent la ruine, cette loi dont
je ne vous ai pas encore fait connaître tous les
vices, dont les abus sont nombreux, qui fait en-
tretenir de vastes établissemens aux frais de l'Etat,
qui occupe tant de plumes, et pour l'exécution
de laquelle une armée d'agens impitoyables est
chaque jour en mouvement ? C'est aux usuriers,
aux seuls usuriers qu'elle profite. Oui, Monsieur,
elle semble faite tout exprès pour servir la cupidité de vils capitalistes qui, s'ils ne prêtaient pas
à d'énormes intérêts leurs fonds pour des dépenses
improductives, en alimenteraient le commerce et
l'agriculture.

« Qui ne sait que sur cent débiteurs, plus de
» quatre-vingts peut-être sont des infortunés tom-
» bés, par imprudence, dans les piéges de quel-
» ques misérables prêteurs ? Qu'on se donne la
» peine de parcourir les écrous des prisons, sur-

» tout dans les grandes villes ; qu'on recueille
» toutes les plaintes portées devant les tribunaux,
» contre les intérêts usuraires ; qu'on interroge
» les hommes de loi, les concierges, les greffiers,
» les agens des maisons de détention pour dettes,
» tous répondront ce que m'ont répondu le gref-
» fier et l'inspecteur. A quelles causes, leur
» demandai-je, devons-nous principalement les
» prisonniers pour dettes ?—A l'usure, aux jeux. »

« Je ne crains pas de le dire, parce que j'en ai
» l'intime conviction; sur vingt lettres de change
» souscrites par des citoyens non patentés, et
» contre lesquels les créanciers provoquent la
» contrainte par corps, il n'en est pas trois dont
» la bâse ne soit l'usure, ou du moins une tran-
» saction illicite » (1). (*Discours de M. Hyde de
Neuville.*)

Ces usuriers ont à leurs gages des espèces de
courtiers qui vont dans différens lieux épier ceux
qui ont, avec des besoins d'argent, une solvabilité
apparente, mais qui, sans l'usure, trouveraient
difficilement à emprunter. On voit ces proxénète
dans les maisonss de jeux, dans les ateliers, près
des administrations. Ils s'adressent à des joueurs en
perte, à des fils de famille peu rangés, à des mi-

---

(1) L'art. 1131 du Code civil porte : « L'obligation sans
» cause, ou sur une cause fausse, ou sur une cause *illi-*
» *cite* ne peut avoir aucun effet. »

litaires, des pensionnaires du gouvernement impatiens du retard des trimestres, à des employés n'ayant que de trop modiques traitemens ; ils s'informent du genre de besoin que vous éprouvez, vous offrent leurs soins officieux, et vous mettent en rapports avec des capitalistes qui font d'abord des difficultés, gémissent sur la rareté du numéraire, et finissent par vous faire souscrire, pour des prêts à un intérêt plus ou moins fort, mais toujours exorbitant, des acceptations dont tous les emprunteurs ne connaissent pas le danger, et que ces prêteurs savent convertir en lettres de change.

Ces honnêtes courtiers supléent souvent au défaut d'argent, par des marchandises, telles que, des vins, des liqueurs, des draps, du linge dont ils vous font fournir vingt fois au-delà de ce qu'il vous faut pour votre consommation, ou votre usage; marchandises qui, outre les intérêts sur lesquels vous n'avez point contesté, perdent quelquefois à la vente cent pour cent. Des artistes dans une inaction forcée, des marchands dans un grand embarras, des pères de familles dans un besoin urgent, se félicitent de trouver de pareilles ressources ; l'espérance d'un meilleur temps les aveugle sur la nature et le danger de leurs sacrifices.

Beaucoup d'agens d'affaires, de receveurs de rentes, se livrent à ces opérations usuraires. Outre des transports, des délégations, pour mieux éviter des difficultés dans les remboursemens, ils se font donner devant notaires, avec des transports, des procurations qu'on s'engage d'*honneur* à ne point révoquer; pour plus de sûreté, ils exigent encore des signatures de femmes, de fils majeurs ; mais la pièce pour eux la plus essentielle, celle qu'ils ne demandent que comme surcroit de garantie, c'est une acceptation pour la somme qu'ils sont réputés vous avoir prêtée, acceptation qu'ils promettent de rendre lorsque vous aurez satisfait aux termes de paiement, mais qui leur fait obtenir contre vous une sentence par corps si vous manquez à un seul.

Toutes ces prétendues lettres de change paraissent avoir été tirées par un de vos proches, d'un lieu où il n'a jamais été, ou par un correspondant que vous n'avez jamais vu, avec lequel vous n'avez été dans aucun rapport, pour des valeurs également fictives. Des capitalistes se sauvent de la honte de ces opérations, en donnant leurs fonds à faire valoir ainsi à ces agens d'affaires ou receveurs de rentes, qui à leur tour se gardent bien d'apposer leurs noms sur ces traites simulées, dont il font remplir les blancs par des gens qui leur sont dévoués. Si à l'échéance l'effet n'est point acquitté, celui qui vous poursuit est un inconnu dont vous ne pouvez avoir raison, et qui se contente de vous renvoyer à l'huissier porteur de pièces. Quelquefois pourtant le poursuivant ou l'incarcérateur est un de ces hommes connus pour prêter, de cette manière, c'est-à-dire, *sur la personne*, avec de l'argent gagné, on ne sait de quelle manière, gens pour qui l'argent est tout, l'honneur rien, et qui ne donneraient pas un écu pour s'acheter une bonne réputation; dont le cœur est fermé à la pitié, comme leurs oreilles le sont aux gémissemens de leurs victimes. Bientôt les frais de poursuite grossissent les sommes exigibles *par corps* à tel point que celui qui n'a pu satisfaire avant cette poursuite le porteur d'un effet n'a plus aucun moyen, aucune espérance de libération. Il reste nu et captif, au fond du gouffre où l'usurier et l'homme officieux l'ont précipité.

Toutes les lois, toutes les ordonnances se sont élevées contre ces abus. Les tribunaux de commerce n'ont besoin que de juger conformément à la loi, pour tromper l'horrible attente de l'usurier; mais il faudrait vérifier la légalité d'un titre de créance, et, je l'ai dit, plusieurs n'en ont pas le temps.

« Quelqu'un me demandait, dit M. le marquis de Maleville, pourquoi ces malheureux débiteurs condamnés n'en appelaient pas aux cours royales? Il ne voyait pas qu'il faut avoir de quoi soutenir un appel, et que jamais la justice n'a été plus chère en France, que depuis qu'elle y est gratuite. »

Je n'ai pas besoin de vous observer, Monsieur, que les lettres de change simulées, qui circulent

•u grand nombre avec les lettres de change réelles, nuisent beaucoup à celles-ci.

« Lorsqu'on considère les frais énormes que les usuriers font aux débiteurs, ce que coûtent les nombreux agens nécessaires pour l'exécution de la loi, les huissiers, les recors, les gardes du commerce, les observateurs, les employés des prisons, et autres travailleurs *improductifs*, lorsqu'on pense aussi aux effets de ces malheureux crédits obtenus pour des dépenses stériles, on est loin de reconnaître que le droit de contrainte par corps attaché à ces lettres de change, soit si favorable au commerce (1). »

XIe. LETTRE.

Inégalités dans la loi et dans son exécution.

Je dois, Monsieur, vous faire remarquer le caractère d'injustice qui rend odieuses plusieurs dispositions de la loi, et les inégalités dans son application.

Ma tâche devient plus facile lorsque des écrivains, ou des orateurs me fournissent l'expression des vérités que je dois mettre sous vos yeux.

____

(1) **Essai sur la contrainte par corps.**

« Les inégalités sont générales, comme étant de l'essence même de la contrainte, ou particulières, comme n'ayant lieu que dans des cas d'une nature particulière.

» Cette punition (puisqu'on a voulu faire une punition de ce qui devait n'être qu'une mesure de sûreté pour les droits des créanciers), atteint plutôt le pauvre que le riche, ou si elle tombe sur tous les deux, elle est infiniment plus rigoureuse pour le premier, quoiqu'il mérite plus de ménagement.

» Le riche a des moyens de gagner de ces créanciers qui font la loi des autres, et qui lui font avoir un concordat plus favorable.

» Va-t-il en prison, il se procure le logement et des aisances.

» Cette punition est infligée de préférence au débiteur honnête qui a payé tant qu'il avait de l'argent, quand le débiteur fripon s'est ménagé des ressources.

» Elle est plus pénible pour le père de famille, dont le travail et l'industrie pourraient soutenir sa femme et ses enfans, que pour le célibataire qui n'a que son individu à soigner.

» Elle est cruelle pour l'honnête homme considéré dans son voisinage, chez ses connaissances, qui a honte de recevoir ses amis dans une prison. C'est un jeu, pour un vaurien et un vagabond.

» La détention prolongée pendant cinq ans, est pour un homme jeune et bien portant une peine rigoureuse, c'est un supplice pour un homme âgé et infirme.

» Viennent les inégalités particulières plus révoltantes, puisqu'elles tendent à punir l'innocent, quand le coupable se promène librement (1).

» Exemple :

» Un banquier fait faillite pour 5oo,ooo fr., dont 100,000 en acceptations; à la faveur d'un concordat, il est libéré, en payant cinquante pour cent.

» Un de ses créanciers pour 80,000 fr., en reçoit 40,000, mais il avait compté sur le tout, pour remplir ses engagemens. Ne trouvant point la même faveur chez ses créanciers, il est mis en prison pour le fait de celui qui est libre (1).

---

(1) Le fait qui va être cité contribuera à faire voir si ce n'est que pour l'utilité du commerce que la contrainte par corps est exercée.

Il y a quelques années, un homme de lettres vendit à M. R., libraire, des exemplaires de ses ouvrages pour 1400 fr. M. R. lui laissa ignorer que dans quelques jours il devait déposer son bilan, et lui souscrivît des effets pour 1400 fr. L'homme de lettres, qui avait passé l'ordre des effets, outré du procédé du libraire, voulut, mais en vain, s'opposer à son concordat. Un arrangement très-favorable au libraire, puisqu'il faisait beaucoup perdre à ses créanciers, eût facilement lieu. Dans les deux années suivantes M. R. a fait des entreprises qui lui ont réussi. L'homme de lettres a été arrêté par suite du défaut de payement du libraire, et celui-ci est resté libre.

Qui empêchait le libraire, pour se venger de l'opposi-

» Le gouvernement n'acquitte point sès créances, ou en retarde le paiement; une administration retarde aussi des paiemens dans des circonstances particulières; le créancier, l'employé ont beau réclamer contre leur détention, on ne les écoute pas. » (*Essai sur la Contrainte par Corps*).

Le dépositaire infidèle, la mère qui a prostitué sa fille, le brigant qui a volé une forte somme, sont moins punis que ne l'est quelquefois un débiteur de bonne foi.

Le voleur d'une lettre de change en est quitte pour six mois de prison; le volé subit cinq ans de détention, (et on a voulu étendre pour la vie le terme de la détention d'un débiteur, fût-il centenaire !...)

La loi n'aurait-elle pas du épargner l'indigence et la vieillesse?

» L'indigence et la vieillesse! ces deux situations de la vie, par qui la misère humaine, dans l'état de nature, est sans-cesse présente à nos yeux, et qui sont, par celà-même, les plus dignes de la bienveillance universelle, de la protection des lois, et des égards de la vertu! C'est pour elles que les hospices sont fondés, que les institutions charitables se multiplient, que les pieuses libéralités abondent. Il est douloureux de penser, que

____

tion au concordat, de faire acheter par un autre le titre qui rendait l'homme de lettres contraignable par corps, et de lui faire subir la peine de ce que lui-même ne l'avait pas payé?

sur les pas même de la bienfaisance empressée à leur porter secours, marche quelquefois, pour combler leur infortune, l'impitoyable exécution d'une condamnation par corps.

» Pour une somme de 101 fr. le souscripteur indigent d'un effet *commercial* subit la contrainte par corps; les frais du jugement et de la procédure, ceux de la mise à exécution, les salaires des huissiers, et des gens d'affaires (1), les intérêts, les les alimens à consigner ont bientôt quintuplé, souvent décuplé le capital : les meubles du débiteur, les effets et ustenciles qui garnissaient son attelier ou son échoppe, vendus à vils prix, n'éteignent qu'une portion de sa dette. Sa femme et ses enfans sont à l'aumône; il ne vit lui-même que du pain des prisonniers, que son créancier (si, comme il arrive souvent, il n'est pas animé par un désir de vengeance, ou par un autre intérêt que celui de sa créance) se lasse enfin de lui fournir, et faute d'alimens, il est congédié, souffrant, dénué de tout, sans aucun moyen de subsistance et de travail, et abandonné à la charité publique. »

(*Addition au mémoire de M. Huet*).

Il n'y a point ici d'exagération, de faux jargon sentimental; ce tableau est plein de vérité; je l'ai eu quelquefois sous les yeux. Si je vous le pré-

____

(1) Le salaire aussi du juge de paix pour son assistance à cette belle exécution !...

sente, c'est pour que vous puissiez le **considérer** à côté de celui que nous offre la maison d'un riche failli , ou seulement même celui de la chambre qu'occupe à Sainte-Pélagie tel débiteur qui serait plus justement traité, et plus convenablement logé, s'il l'était dans la partie de la prison qui tient à celle que l'on appelle *la dette*.

Vous conviendrez, Monsieur, que pour que les gens de bien ne fussent pas indignés de toutes ces inégalités , de cette agglomération d'hommes , dont les uns sont malheureux , les autres coupables, il faudrait qu'il y eût impuissance absolue de protéger autrement les intérêts du commerce.

XIIe LETTRE.

Exécution de la contrainte par corps. Abus.

Une mauvaise loi devient encore plus mauvaise dans son exécution. A-t-elle besoin d'être interprétée dans quelques-unes de ses dispositions, soyez sûr qu'elle recevra l'interprétation la plus défavorable à ceux qui doivent la subir.

Quel usage font les juges du commerce du pouvoir discrétionnaire qui leur a été laissé? et pourquoi n'accorde-t-on plus de termes et délais aux débiteurs, afin qu'ils puissent payer de mois en mois en donnant caution ? beaucoup profitaient de la facilité de paiement qui leur était accordée pour redoubler de travail, employer de nouvelles ressources, recouvrer plus facilement ce qui leur était du : les ouvriers, les artisans, les petits marchands demandaient des à-comptes aux personnes qu'ils fournissaient, sans les gêner comme ils le font, au risque de les éloigner d'eux, quand ils appréhendent d'être contraints par corps ; 200 ou 3oo francs de frais n'étaient point faits en quelques jours aux débiteurs, qui effrayés par une condamnation, épuisent en quelques jours leur crédit, vont quelquefois jusqu'à vendre ou engager leurs meubles, leurs outils, les vêtemens de leurs femmes et de leurs enfans, et souvent aussi, vu l'énormité des frais, font infructueusement tous ces sacrifices. Une partie a recours à l'usure ; car, je vous l'ai dit, c'est au profit de l'usure que semble avoir été faite et que se maintient cette loi de contrainte par corps. Oui les usuriers, les huissiers, voilà ceux qui doivent craindre une réforme toujours éloignée par je ne sais quel génie soigneux de les protéger. On n'a point assez considéré les funestes effets que produit chez une partie des débiteurs la crainte d'une prompte exécution de la contrainte. Les uns se réfugient dans la faillite, ou vont se perdre ignominieusement dans la banqueroute ; d'autres quittent leur ménage, abandonnent leur état, épuisent loin des êtres faibles qui ont besoin de leurs travaux ce qui leur reste de ressources, et consomment peu à peu autant d'argent qu'il leur en aurait fallu pour se libérer, si la loi n'avait armé des créanciers inflexibles, de barbares usuriers d'un pouvoir dans l'usage duquel les espérances de ceux-ci sont le plus souvent trompées, ou si les juges avaient accordés des termes et délais pour le paiement.

Que ne puis-je vous faire connaître les ruses employées, les piéges tendus par des officiers de justice pour que des débiteurs ne puissent échapper à l'emprisonnement? Observez que pour de pareilles opérations, les prêteurs à gros intérêts emploient de préférence de ces huissiers dont le cœur s'est endurci dans le métier, et qui sont connus pour voir d'un œil insensible les larmes et le désespoir des familles. Ce ne sont pas toujours des créanciers, mais bien des huissiers du haut rang qui chargent ces subalternes de la partie honteuse du métier, ce qui ôte au débiteur tout moyen d'accommodement, car s'il y avait accommodement, la poursuite serait moins bénéficieuse aux huissiers, et la grande fortune dont jouissent quelques-uns de ces messieurs autorise à croire que le désintéressement n'est pas leur vertu.

Autrefois des réfuges étaient assurés aux débiteurs contraignables par corps, ce qui était souvent utile aux créanciers. Là ces débiteurs étaient en rapports avec eux et avec les personnes qui pouvaient les aider dans un arrangement avec leurs créanciers. Ils voyaient plus facilement leurs parens, leurs amis ; ils pouvaient continuer leurs affaires, se livrer à des travaux, et se mettre en état d'acquitter leurs dettes avec plusieurs de ces créanciers, au lieu qu'une fois en prison où ils sont dans l'isolement et dans une inaction forcée, ils ont bien de la peine à satisfaire un ou deux des créanciers par lesquels ils sont détenus et aux intérêts desquels ceux des autres sont sacrifiés. L'humanité, la justice, l'intérêt même de la société semblaient s'unir pour la conservation de ces asiles, mais le mot *privilége*, mot souvent bien mal entendu, les a fait interdire. Est-il beaucoup de créanciers à qui cette disposition ait été favorable ?

Enfin viennent les gardes du commerce. Dès le point du jour leurs observateurs répandus dans les différens quartiers de la ville épient le moment de saisir leur proie. Le débiteur ne peut leur échapper s'ils ont découvert sa retraite ; aucun lieu, le palais même de nos rois, ne le met pas en sûreté. Est-il dans son domicile, éveillé au bruit des arrestateurs, le mot de *prison* est le premier qui frappe son oreille.

« Ailleurs qu'en France, et notamment en Angleterre, le domicile est inviolable ; c'est le lieu de sûreté, le temple de chaque famille, de chaque individu *non prévenu de délit ou de crime*. Comme la contrainte pour dettes ne tend qu'à s'assurer de la présence du débiteur, et non à muleter sa personne, quand de sa propre volonté il se consigne chez lui, non-seulement il remplit le vœu de la loi, mais il se conserve ainsi à ses créanciers et à sa famille, à laquelle il peut au moins continuer d'offrir, avec ses soins, le tribut de son travail.

» Mais à Paris il en est autrement; l'exécuteur d'un jugement de contrainte peut, avec une escorte d'hommes armés de batons, s'introduire dès la pointe du jour chez le débiteur ou dans la maison qu'il a pris pour refuge, briser et enfoncer les portes, l'arracher des bras de sa femme et de ses enfans pour le traîner en prison. Un juge de paix, ou son adjoint, consacre *moyennant salaire*, l'irruption ou l'effraction par sa présence; et ainsi la plus amiable des magistratures, celle à qui *la paix* a donné son nom, se trouve associée à ce qu'il y a de plus violent dans l'exécution du pouvoir judiciaire.

» La contrainte pour dettes, telle qu'elle existe, est un phénomène inexplicable en bonne législation; elle devient plus révoltante par le mode de son exécution, par la licence qui y préside, par les sévices qui accompagnent l'emprisonnement.

» Enchérissant sur les lois pénales, elle prend un tel caractère qu'on aurait meilleur compte à se rendre *criminel* qu'à se rendre *débiteur*. Cependant nul n'est créancier s'il n'a voulu l'être; on peut même dire que dans les rencontres qui ont lieu sur le territoire de l'usure, l'agression ou la provo-

cation directe vient souvent de la part du prê-
teur. (*Addition au mémoire de M. Huet*). »

Je me contenterais, Monsieur, de signaler des
inconvéniens, des abus dans le mode d'exécution
de la contrainte par corps, et je n'en ferais point
remarquer les formes aumoins acerbes, si la cul-
pabilité de ceux qui la subissent était démontrée.
Je n'ignore point qu'il est du plus grand intérêt
de la société que ceux qui portent volontairement
atteinte à la propriété d'autrui, ne restent point
impunis ; je blâmerais donc moi-même l'écrivain
qui tâcherait d'émouvoir les âmes sensibles par le
tableau des châtimens qui leur sont infligés, mais
il s'agit ici de l'exécution d'une loi extrêmement
vicieuse, dépourvue de règles de justice, qui ne
distingue rien, et frappe le plus rigoureusement
ce qu'il y a de plus respectable au monde, le malheur !

XIIIe. LETTRE.

Cinq ans de détention!...

Je ne pourrais, Monsieur, rien dire sur ce
sujet qui fût aussi propre à convaincre que ce

qu'à dit M. Hyde de Neuville à la séance de la Chambre des Députés, le 4 avril 1816. Le citer, c'est porter la lumière sur un point de discussion.

« Le laps de cinq années, même de trois années, ne me semble pas nécessaire pour connaître si un débiteur est ou n'est pas de mauvaise foi.

» Que veut la société en privant un citoyen de sa liberté? regarde-t-elle comme une compensation accordée au créancier cette longue et inutile captivité? Non; on ne peut croire qu'un homme trouve de la jouissance dans une réparation de ce genre. Les larmes qu'on fait répandre ne sont une compensation que pour cette classe dure et méprisable d'usuriers dont la société ne doit pas chercher à venger les injures : ce qu'elle attend, ce qu'elle espère obtenir de la détention pour dette, c'est que les souffrances et les humiliations finiront par triompher de l'endurcissement et de la mauvaise foi.

» C'est ici que l'expérience aurait besoin d'être religieusement consultée. Ce ne sont pas toujours les fripons qui restent cinq années dans les fers, ce ne sont pas non-plus généralement les commerçans pour qui la contrainte par corps est plus spécialement établie, qui parcourent en entier ce lustre de souffrances... (Je vous ai déjà dit, Monsieur, quelles étaient les victimes de l'usure).

» Quand un débiteur n'a pu se libérer dans la première année, tout doit porter à croire qu'il y a chez lui impossibilité. S'il n'est pas élargi après trois années, c'est qu'il est victime de la haine, de la vengeance, ou de la dureté du cœur.

» Qu'on poursuive le débiteur dans ses biens, que l'action de banqueroute soit intentée contre lui, si la fraude est prouvée; mais s'il n'est que malheureux, s'il n'a même été qu'imprudent, qu'on n'enlève pas à son courage, à sa probité, à son repentir, le moyen de réparer par l'industrie les faux calculs de l'inexpérience ! »

On lit dans le mémoire de M. Huet :

« Cinq ans de détention ! c'est-à-dire une portion considérable de la durée commune de la vie active, le quart du nombre d'années par lequel en toute profession la vétérance est acquise ! On frémit à cette pensée; elle soulève le magistrat le plus impassible, le législateur le plus sévère !

» Quel serait parmi nous le débiteur qui dans la seule vue d'être affranchi de la contrainte, commencerait par la subir, on ne dit pas pendant cinq ans, ou trois ans entiers, mais pendant un an, plutôt que d'acquitter sa dette, s'il en avait les moyens ? quel homme sensé resterait ainsi exposé à l'action de ses créanciers sur ce qu'il possède, sur tout ce qu'il peut acquérir ? se condamnerait volontairement au supplice du blâme universel qui flétrirait sa vie, sans cesse obligé d'emprunter le nom d'autrui pour masquer sa fortune, et ne pouvant avoir d'autres titres de propriété que de dangereuses contre-lettres? et tout cela en attendant que sa mort et l'inventaire de ses papiers révèlent à ses créanciers le mystère de ses richesses, afin qu'il ne reste à sa famille d'autre héritage que le fardeau de sa mémoire ?

» Il n'est pas impossible de rencontrer quelques exemples d'une aussi bizarre spéculation, mais ce n'est pas sur les procédés de la folie que la loi dispose ses commandemens, elle voit les hommes tels qu'ils sont, et elle relègue dans les exceptions, les extravagans et les aveugles.

» De tels exemples, a dit M. le marquis de Maleville, sont trop contraires à la manière de penser des hommes, pour servir de type aux lois, et elles ne statuent pas sur des prodiges. Il ne faut pas, pour atteindre un monstre, faire périr dans les fers cent individus réellement insolvables. »

Qu'ajouterais-je, Monsieur, à de tels raisonnemens, à de si justes réflexions ?

XIVe LETTRE.

Les septuagénaires.

Vous vous rappelez, Monsieur, ce que je vous ai rapporté de notre législation concernant les septuagénaires débiteurs pour fait de commerce ; vous avez été mis en état de juger si d'après des usages constans, et l'interprétation la plus naturelle de quelques dispositions ou du silence de la loi de germinal et des Codes, le bénéfice de septuagénairité n'était point acquis.

Voilà ce que disait un magistrat vénéré de toute la France, à la séance des Pairs du 23 avril 1818 :

« On voudrait surtout pouvoir épargner les rigueurs à ceux à qui la nature elle-même a fait un si grand besoin de secours, et quoique l'ordonnance de 1667, qui est la première qui contienne une disposition particulière en faveur des septuagénaires, n'ait pas précisément appliqué cette disposition aux matières commerciales, il faut pourtant convenir que c'est ainsi que cette ordonnance a toujours été entendue. » (*M. le Comte Desèze, séance des Pairs du 23 avril 1818.*)

« Des discussions minutieuses et abstraites sur le véritable sens de quelques articles des lois nouvelles, quand il s'agit de disputer à la vieillesse une exemption que lui assuraient les lois anciennes, n'ont-elles pas quelque chose d'inhumain ? » (*Mémoire de M. Huet.*)

C'est en 1813 que le ministère public (M. Merlin), dans ses conclusions rapportées au répertoire de jurisprudence, aux mots *contrainte par corps*, a proposé et fait admettre un avis contraire aux interprétations données et aux usages suivis jusque-là.

Vous serez sans doute étonné, Monsieur, des motifs sur lesquels il s'est appuyé.

6

« Quel peut donc être, a-t-il dit, le motif qui a déterminé le législateur à distinguer les septuagénaires des autres sujets? serait-ce parce que la contrainte aurait quelque chose d'inhumain, et l'emprisonnement quelque chose de barbare? mais la DÉTENTION N'EST POINT UNE PEINE : c'est le péril de la santé et de la vie qui peut, en certain cas, rendre la prison odieuse; mais dans ce cas, tout débiteur emprisonné peut obtenir sa liberté, ou une prison plus saine; le septuagénaire l'obtiendrait plus aisément. »

Écoutons d'abord M. Hyde de Neuville.

« Sans respect pour la vieillesse, pour ce sacerdoce établi par Dieu, par la nature, consacré par la religion, dont la voix sainte nous ordonne d'honorer les vieillards, et de nous humilier devant des cheveux blancs, des jugemens que je ne crains point de qualifier *d'arrêts monstrueux et contraires aux bonnes mœurs*, maintiennent qu'il n'y a plus dans nos lois de priviléges pour l'âge, que la loi du 15 germinal ne peut s'appliquer aux vieillards qu'en matière civile, que la disposition concernant les septuagénaires commerciaux, qui est, ou plutôt qu'on croit voir dans la loi de germinal, n'a point été rapportée par le Code de procédure civile (quoique de fait l'art. 800 dispense les septuagénaires en général de la contrainte par corps); qu'enfin toutes nos anciennes ordonnances sont abrogées, et qu'ainsi la tombe seule peut arracher à la captivité le septuagénaire commerçant, non stélionnataire, qui se trouve dans l'impossibilité d'acquitter sa dette.

» Je n'examinerai point si la loi de germinal an 6 a pu donner lieu à des doutes, à des incertitudes, s'il peut en exister encore quand l'art. 800 du Code de la procédure civile, survenu depuis cette loi, s'explique d'une manière claire, précise, sans distinction de la contrainte en matière civile de la contrainte en matière de commerce; je me bornerai à une simple observation, qui sera plus puissante que tous les sophismes du siècle. *C'est que ce fut un de nos plus grands Rois qui, entr'autres dispositions sages et humaines, consacra en 1667 le privilége de la vieillesse, et que c'est en 1813 un* RÉGICIDE *qui l'a fait méconnaître.*

» Consolons-nous, cette doctrine qui nous révolte devait être embrassée, devait être défendue par un de ces êtres dont le souvenir se rattache au plus grand crime de la révolution, et j'avoue que je me trouve heureux, comme Français, de pouvoir dire : *C'est un réprouvé de Dieu et des hommes qui a fait outrage à la nature, c'est lui qui a provoqué le premier jugement qui devait annuller le bienfait de nos Rois.* »

M. le comte Lanjuinais, en combattant à la séance des Pairs, du 25 avril 1818, ceux qui refusaient d'appeler la prison *une peine*, a dit :

« Je crois qu'on n'a sur ce point qu'une seule autorité, *mais telle heureusement qu'on n'oserait pas la citer. Je veux bien ne pas la faire connaître :* il me sera permis de conserver cette qualification *de peine*, et de parler ainsi le langage des jurisconsultes, soit avant la révolution, soit depuis;

le langage des publicistes, de la raison, et celui des législateurs même qui ont fait revivre la contrainte par corps.

» Vivre sous les verroux, entre quatre murailles, est, quand on veut bien le considérer, une vie pire que l'esclavage ; elle donne plus de douleur et d'ennui ; elle est pire assurément pour la presque totalité des débiteurs....

» La prison tourmente en pure perte les débiteurs....

» Ne suffit-il pas qu'il n'y ait point de sûreté pour la richesse du débiteur de mauvaise foi, ni même pour sa personne, si l'on découvre sa banqueroute frauduleuse ?.... »

M. le marquis de Lally - Tolendal a prononcé à la même séance de la Chambre des pairs, ces paroles remarquables :

» On nous a demandé pourquoi l'on accorderait plus d'indulgence à soixante-dix ans qu'à dix-huit ? Je réponds parce que la force résiste, et que la faiblesse succombe ; parce qu'on donne des lisières à l'enfance, et un bâton à la caducité ; parce qu'il y a des leçons à donner à celui qui entre dans la vie, et qu'il n'y a plus que des consolations à offrir à celui qui approche du moment où l'on en sort, »

«Jamais, est-il dit dans le Mémoire de M. Huet, jamais le débiteur, vieux ou malade, n'obtient sa liberté, et presque jamais sa translation dans une maison de santé. S'il sollicite cette dernière faveur, *et qu'il soit en état d'en faire la dépense*, surviennent alors les créanciers, offrant de prouver que la maladie n'est pas mortelle. De lentes formalités sont nécessaires pour constater l'imminence du danger ; et avant leur accomplissement, *le débiteur expire !....* »

Il résulte de calculs faits dans le même ouvrage, d'après B uffon et M. Duvillard, membre de l'Institut royal de France, que selon les lois de l'ordre physique et moral, un débiteur incarcéré à soixante ans ne survivra pas aux cinq années de la détention.

M. le garde-des-sceaux, lorsque le projet de loi de 1818 a été discuté, a exposé ainsi des motifs tendant à maintenir la cruelle disposition qui frappe les débiteurs septuagénaires :

« Admettre en matière de commerce le privilége accordé aux septuagénaires, ce serait porter atteinte aux rapports qui nous unissent avec les autres peuples commerçans, autoriser à tromper la foi publique dans la négociation des effets de commerce, par la dissimulation et l'ignorance de l'âge des négocians qui les auraient revêtus de leurs signatures.

» Pourquoi la loi serait-elle plus indulgente pour le négociant septuagénaire, qu'à l'égard du mineur commerçant qui n'a pas encore acquis les leçons de l'expérience ?

» N'aurions-nous pas d'ailleurs à craindre, si le nombre des années faisait en matière de commerce diminuer le nombre des garanties, que ce privilége ne tournât au préjudice du septuagénaire qui n'obtenant plus le crédit dont il aura besoin, trouverait dans la fausse humanité de la loi moins d'avantages que dans sa juste inflexibilité. Ces raisons nous ont paru suffisantes pour justifier l'art. 4 du nouveau projet qui maintient un état de choses conforme à la loi du 4 avril 1798, et reconnu depuis vingt ans par la Cour de cassation. »

Je vais tâcher de répondre à ces motifs exposés par un de nos meilleurs publicistes et de nos plus estimables magistrats.

Les rapports qui unissent les peuples commerçans sont libres et indépendans de leur législation.

Il n'y a point d'uniformité dans les lois par lesquelles la contrainte par corps, en matière commerciale, est régie chez les différens peuples.

Chez l'un la législation est douce, chez un autre elle est barbare ;

Chez l'un la contrainte par corps est une mesure de sûreté et de précaution qui n'est que momentanée, et qui concilie l'intérêt de la justice et celui du commerce ;

Chez un autre elle est *une peine* qui s'étend audela de ce qui est utile à la société, et ne sert plus que l'intérêt des passions ;

Chez l'un on ne peut prendre à l'homme qui termine sa carrière que ce qui est en sa possession ;

Chez un autre, on ne se contente pas de le dépouiller, on le fait languir et périr en prison, sans fruit pour personne.

Si, pour la conservation des avantages qui résultent de nos rapports commerciaux avec une nation, il fallait lui sacrifier ce qu'exigent l'ordre, la justice et l'humanité, ne vaudrait-il pas mieux renoncer à ces avantages ?

Qu'il plaise à un peuple d'user de la faculté qu'il a toujours de réformer ou de modifier une loi commerciale, il lui suffit d'en faire connaître les nouvelles dispositions aux autres peuples commerçans avec lesquels il est en rapport :

Dès-lors la foi publique ne peut être trompée ; chez l'étranger comme dans l'intérieur, chacun se conforme aux dispositions de la loi.

J'ai dit que dans plusieurs départemens la contrainte par corps ne s'appliquait point aux septuagénaires pour fait de commerce ; l'étranger prend-il moins pour cela des effets souscrits ou payables dans ces départemens ?

Dans le fait, l'exemption dont pendant plus d'un siècle, pendant le plus beau siècle de la monarchie, ont joui les septuagénaires, a-t-elle nui à nos rapports commerciaux ?

Par ce privilége vous ôtez, dit-on, au porteur d'un effet de commerce une des garanties qu'il avait reçues, et sans laquelle il aurait pu refuser cet effet ;

Apprécions donc une fois cette garantie dont on se fait une arme si puissante dans la défense d'une disposition presque généralement combattue.

Si l'effet de la garantie doit être l'acquit de l'obligation, la garantie est réelle ; si elle ne peut produire cet effet, quelle est donc sa valeur? Il est aussi généralement vrai que le droit de contrainte par corps est aussi peu propre à forcer au paiement d'un effet de commerce, qu'en général il est vrai qu'on ne prend point de ces effets par la confiance dans l'exercice de ce droit.

Sans doute il faut des garanties à celui qui prend un effet de commerce, mais le nombre et la nature des garanties doivent être limités; et peut-être est-il juste de dire que le droit d'emprisonnement, si cet emprisonnement est autre chose qu'une mesure momentanée de précaution et de sûreté pour les intérêts du créancier, est, par sa nature, une des garanties qui ne devraient être ni offertes, ni acceptées.

Il faut rappeler ici ce qui a été souvent dit de la confiance attachée aux effets du commerce. Pour les étrangers comme pour les nationaux, cette confiance doit être éclairée; elle ne peut se fonder que sur la connaissance qu'on a des facultés, et de la probité des signataires de ces effets. (Je ne parle point des usuriers qui prêtent, non à la personne, mais sur la personne). Et, qui pourrait attacher le moindre prix à la faculté de faire emprisonner un vieillard? Il est d'ailleurs notoire que dans le haut-commerce, dans la classe dont les procédés et les usages importent le plus à nos rapports avec l'étranger, la contrainte par corps ne s'exerce point.

Oui, l'on n'a pris un effet que parce qu'on y a

vu un nom avantageusement connu, et paraissant, indépendamment de l'âge du signataire, offrir une suffisante garantie.

Appelerez - vous garantie la contrainte par corps considérée comme moyen de terreur? en ce cas c'est avec raison qu'on appésantit sur le débiteur le joug de la détention ; mais ce ressort chez nous est encore trop faible ; pour lui donner plus de force, que ne renouvellez-vous la *loi des Douze-Tables ?*

Voilà où l'on arrive en partant de faux principes.

M. de Lally Tolendal a prévenu dans ce que je vous ai cité de son discours, ce que j'aurais pu vous dire de l'indulgence accordée plutôt à un septuagénaire qu'à un mineur.

Quant aux difficultés de crédit qu'éprouveraient les négocians septuagénaires, ce motif est si faible, que je ne crois pas devoir m'y arrêter. Les hommes à qui on n'accorderait pas de crédit parce qu'on ne pourrait les emprisonner, ne comptent pas dans le commerce.

« Je sais, observe M. Hyde de Neuville, tout ce qu'on peut dire pour me combattre. Un vieillard se trouve souvent à la tête d'une maison de commerce, ses cheveux blancs doivent-ils lui assurer l'impunité, et devenir en quelque sorte une égide pour la mauvaise foi? Je répondrai que plus un homme avance dans la vie, plus il a du donner à la société une sorte de garantie. Il doit être connu de ses compatriotes ; il est rare que la mauvaise foi porte son masque jusqu'à soixante ans ; d'ailleurs craignons d'offrir trop de facilité à l'imprudente imprévoyance, souvent à la folle ambition. Que le créancier ne traite qu'avec un vieillard dont la vie commerciale soit sans tache, et sans reproche, il lui arrivera rarement d'être victime de sa confiance. Les hommes dans telle carrière que ce puisse être, n'arrivent pas à soixante ans sans être appréciés ; ceux qui se font volontairement leurs dupes n'ont point à se plaindre de la société, qui ne doit avant tout protection qu'à la bonne foi, la prudence, la sagesse. Pour rassurer quelques imprudens qui jouent à tout risque et veulent jouer sans cesse, faut-il que les lois perdent de vue ce que la nature et la religion nous ordonnent de respecter ? »

Je veux que quelques créanciers ne puissent jouir du droit de contrainte par corps, quoiqu'en prenant un effet, ils aient compté en user au besoin ; je veux que dans le commerce, quelques débiteurs septuagénaires soient assez vils, assez improbes, assez peu soigneux de leur honneur et de leur crédit pour que leur privilége les encourage dans le mépris de leurs engagemens, ce sont-là de ces exceptions qui ne peuvent nuire à la prospérité du commerce. Je ne vois pas-là de quoi justifier l'inhumanité d'une loi.

J'en ai dit assez, Monsieur, pour faire connaître ce qui donne du crédit aux effets de commerce, pour convaincre qu'il n'est point fort utile qu'on sache l'âge des signataires de ces effets, et qu'une insigne barbarie souffrirait seule du bénéfice de la septuagénairité.

~~~~~~

XVe. LETTRE.

Les Etrangers.

Suivant une loi du 10 septembre 1807, tout jugement de condamnation pour dettes, rendu contre un étranger au profit d'un Français, emporte contrainte par corps.

Avant même l'échéance d'un engagement ou l'exigibilité d'une dette, le président du tribunal de première instance dans l'arrondissement duquel se trouve l'étranger non-domicilié, peut, si des motifs lui paraissent suffisans, ordonner son arrestation provisoire, sur la requête du créancier français.

L'arrestation provisoire n'a pas lieu, ou cesse, si l'étranger justifie qu'il possède sur le territoire français un établissement de commerce ou des immeubles, le tout d'une valeur suffisante pour acquitter sa dette, ou s'il fournit pour caution
~~~~~~

une personne domiciliée en France et reconnue solvable.

Napoléon , en faisant cette loi , avait principalement en vue de soumettre à la contrainte les prisonniers anglais qui étaient alors très-nombreux en France , mais les mots *étranger non-domicilié* mis dans la loi, y ont fait assujétir tous les étrangers, à l'exception des Suisses, qui suivant l'art. 12 du traité d'allliance entre la Suisse et nous, jouissent en France des mêmes avantages que les Français.

Il a paru juste que des mesures particulières fussent prises contre les débiteurs étrangers non-domiciliés, mais on a trouvé souverainement injuste qu'il n'ait point été mis de terme à leur détention. Des réclamations à ce sujet se sont élevées de toutes parts ; l'interprétation donnée à la loi du 10 septembre est une nouvelle preuve de l'obscurité et du vice de notre législation sur la contrainte par corps.

Dans le projet adopté en 1818 par la Chambre des députés et rejeté par celle des Pairs, les dispositions relatives à l'élargissement des prisonniers pour dette de commerce, étaient applicables aux étrangers non-domiciliés en France, détenus en exécution de la loi du 10 septembre 1807.

Quelques Usages chez l'Etranger.

En Angleterre, la contrainte par corps s'applique à toute dette liquide, commerciale ou non, de 15 livres sterl. (360 fr.), que le créancier peut affirmer par serment lui être due. Il peut, sur ce simple serment, faire arrêter son débiteur jusqu'à ce que celui-ci ait fourni caution de se représenter au terme prochain des assises pour y débattre sa cause ; mais le créancier qui a fait emprisonner son débiteur ne peut plus de son vivant l'exproprier ni saisir ses meubles.

On n'arrête point dans les maisons.

L'homme arrêté pour dettes est remis en liberté en offrant pour caution personnelle un citoyen respectable qui s'engage à le représenter quand il en sera requis.

Les tribunaux sont, non-seulement juges de la dette, mais de la moralité des parties.

L'exercice de la contrainte sur la personne du débiteur, en quelque pays qu'il soit arrêté et détenu, exclut toute action sur ses biens.

Au bout d'un premier mois, un débiteur détenu est mis en liberté, si sa bonne foi est prouvée.

Le terme pour la mise en liberté est de cinq ans (1).

Pour le commerçant, la rigueur de la loi est adoucie par le *statut de banqueroute*, et par plusieurs autres statuts, en vertu desquels chaque

____

(1) On peut voir que cette longue détention est une peine, et une juste peine appliquée à la mauvaise foi.

failli obtient une commission nommée par le chancelier, laquelle rassemble les créanciers, et qui, si on voit de la bonne foi, délivre au failli un certificat portant qu'il s'est conformé au *statut de banqueroute* ; après quoi il obtient la liberté en abandonnant ce qu'il a.

Presque toujours il obtient sur la masse de sa faillite de quoi faire exister sa famille, même continuer son commerce.

Il y a quelques années il a été créé une nouvelle *commission ad hoc*, appelée la *cour des débiteurs insolvables*, dont l'unique occupation est de juger sur les demandes de mises en liberté. Les débiteurs et les créanciers sont entendus contradictoirement. Lorsque les débiteurs ne paraissent pas coupables de délit, ils sont mis en liberté, ce qui éteint toutes contraintes pour dettes passées.

Chaque jour les lois en faveur des débiteurs et des faillis commerçans sont devenues plus douces, et jamais le commerce n'a plus prospéré en Angleterre (1).

Dans les États-Unis, chacun des états à une législation particulière. Dans l'un, le prisonnier pour dettes peut sortir après trente jours de détention, en faisant cession, ou seulement en déclarant par serment qu'il est hors d'état de payer

---

(1) Essai sur la contrainte.

sa dette ; dans un autre il n'y a pas de temps limité pour la détention ; le débiteur est admis à prêter serment aussitôt qu'il est arrêté : dans aucun le débiteur n'est privé du bénéfice de cession ; mais on a vu des personnes garder la prison fort long-temps parce qu'elles ne voulaient pas céder leur avoir à leurs créanciers.

Dans l'application des lois concernant les débiteurs, on ne fait aucune différence entre les étrangers et les nationaux.

Ainsi qu'en Angleterre, toute personne peut être arrêtée pour toute dette, soit qu'il y ait titre ou non, lorsque le créancier l'atteste par serment, sauf à en justifier.

Un débiteur soit étranger, soit national, ne peut être emprisonné si deux personnes répondent qu'il se présentera au besoin.

A Naples, le débiteur ne peut pas être arrêté dans son domicile.

En Espagne, les débiteurs nobles ne sont pas contraignables par corps : je doute que ce privilége leur soit conservé.

Le créancier qui veut détenir un débiteur est obligé de lui payer par jour une somme équivalente, à peu près, à celle que le débiteur est réputé dépenser suivant son état, et le mois se paye d'avance.

En Portugal, la contrainte par corps pour dettes n'a pas lieu. Les Anglais, chez lesquels elle s'exerce avec plus d'équité et d'utilité qu'elle s'exerce chez nous, font avec cette nation plus de deux cents millions d'affaire par an : on s'était même plaint en France de ce que les Anglais avaient accaparé tout le commerce de Portugal.

Dans plusieurs parties de l'*Allemagne*, l'usage de la contrainte par corps n'a point lieu.

En Turquie, le débiteur incarcéré recouvre sa liberté au bout de 90 jours, en faisant abandon de ses biens, pourvu que cet abandon soit véritable.

Si par la suite ce débiteur acquiert de la fortune, ses créanciers n'en peuvent rien exiger pour ses dettes antérieures, parce que le dogme de la destinée le garantit de leurs poursuites.

Je n'ai pas cru devoir étendre davantage mes recherches sur les lois et les usages des différens peuples commerçans touchant cette matière; j'en ai dit assez pour convaincre que notre loi pourrait être adoucie, sans que notre commerce, soit à l'extérieur, soit dans l'intérieur, en éprouvât de grands dommages.

XVIᵉ. LETTRE.

Sainte-Pélagie.

———

L'étroite clôture de cette prison est, comme celle des ménageries, garantie par une habile et forte combinaison de verroux et de barreaux de fer. La vue est frappée par tout ce que la puissance a su inventer pour contenir et intimider les malfaiteurs.

La destination principale de Sainte-Pélagie est de renfermer les condamnés pour crimes et délits ; la moindre partie est réservée aux prisonniers pour dettes, agglomérés quelquefois au nombre de trois, quatre et cinq dans la même chambre. Ainsi la même maison renferme cinq à six cents condamnés et cent trente à cent quarante débiteurs en état permanent de contiguité les uns avec les autres. Ce double rassemblement resserré dans un très-petit espace, corromprait l'air le plus pur, et la misère elle-même interdit au plus grand nombre de ces prisonniers les soins les plus communs de propreté et de salubrité.

L'humide putréfaction des corridors y suffoque,

et les miasmes fétides que l'air ne raréfie jamais, obscurcit le jour qui ne pénètre dans ces longues et étroites allées que par des trous de six pouces, garnis de barreaux et pratiqués dans des murs de deux pieds d'épaisseur.

Les murs nus d'une partie des chambres sont encroutés d'ordures et de traces d'insectes.

« Le régime des deux parties de la prison est à peu près le même : c'est le même système d'administration ; ce sont les mêmes réglemens , les mêmes rigueurs.

Un débiteur arrive, il est mis au dépôt. Ce dépôt est une chambre infecte de malpropreté , froide , humide, disposée en quelque sorte pour accroître le malheur de l'homme qu'on amène.

La chambre pourrait, au plus, contenir deux lits. Souvent cinq infortunés sont réduits à en respirer l'air corrompu. Se trouveraient-ils mal la nuit, des barreaux de fer à la fenêtre, d'énormes verroux aux portes ne permettraient l'espoir d'aucun secours. Il est là , et déjà on va lui faire payer un lit , des draps grossiers , un chandelier , un vase de nuit, la chaise sur laquelle il tâche de prendre un peu de repos.

Sorti du dépôt , on lui donnera une chambre qu'il partagera avec deux ou trois compagnons d'infortune.

S'il est pauvre , jugez de sa misère !

La bonté du Roi fait distribuer aux condamnés

un supplément de nourriture (1), de la soupe et des légumes. Un sentiment d'humanité a étendu ce soulagement à ceux des prisonniers pour dettes qui n'ont aucune ressource. Mais quelle nourriture ! Il faut voir l'horrible cuillère plonger dans ces dégoûtans alimens ; il faut voir ce qu'elle en retire ! Mais la faim surmonte tous les dégoûts, et plusieurs de ces malheureux s'accoutument à ce sacrifice alimentaire.

Les chambres ne sont pas plus respectées que le dépôt. Un vieillard, des hommes d'une santé délicate qui y sont renfermés, périront la nuit si une ordonnance du médecin n'a pas prescrit au concierge de lever les énormes verroux.

Ces infortunés auront-ils du moins pendant le jour la faculté de respirer l'air ? Non ; un jardin de quelques toises, des corridors sombres et étroits qui l'entourent, voilà tout ce qu'on leur accorde pendant quelques heures du jour ; et la jouissance de ce jardin est partagée par les hommes condamnés pour vols ou autres délits. Ainsi se trouvent confondus le crime et le malheur : le malheur qui se respecte ne descendra pas dans cette fosse de Daniel.

____

(1) C'est ce qu'on appelle la *Pitance*. Une grande partie des prisonniers pour dettes, ceux surtout qui pour satisfaire à leurs engagemens ont donné jusqu'à leur dernier écu, se mettent à la *Pitance*.

La vue de l'homme coupable, cette livrée de l'opprobre dont il est revêtu, offenserait ses regards et flétrirait son âme. Il se tiendra enfermé, dans le lieu où gît son grabat ; il renoncera à l'usage de ses jambes ; il préférera s'engloutir dans des flots de méphitisme, plutôt que de respirer le même air que l'homme rejeté de la société pour des actions infâmes.

On accorde aux détenus pour dettes la faculté d'entendre la messe ; mais ils se trouveront là confondus avec les condamnés : cette indigne disposition éloignera les hommes d'honneur des lieux mêmes où la religion leur offrirait des consolations.

Un des plus grands reproches qu'on doit faire aux magistrats chargés du régime des prisons, est d'avoir privé le détenu pour dettes de tous moyens de travail ; le travail aurait allégé sa souffrance, l'aurait mis en état de pourvoir un peu mieux à ses besoins, même à ceux de sa femme et de ses enfans. Que n'éprouve-t-on pas en pensant que tout exercice de ses facultés physiques et morales lui est interdit, et qu'il ne voit aucun terme à ses maux.

Là l'homme probe, forcé de vivre pour ainsi dire en communauté avec des hommes dont plusieurs ne sont rien moins qu'honnêtes, et pour lesquels le malheur n'est que l'impuissance d'exercer une honteuse industrie, perd insensiblement son plus beau caractère, sa dignité.

Honte au peuple où cette dégradation n'est que ridiculisée, et où on la contemple avec indifférence (1) !

Je ne vous parle pas, Monsieur, d'autres sujets de peines et de dégoûts, de vexations de différens genres. Je me trouve un peu soulagé du soin de vous offrir de tristes images par le plaisir de vous parler d'un de ces beaux traits qui font tant chérir une auguste protectrice des infortunés.

Au mois de janvier 1816, *Madame* a acquitté les dettes de près de la moitié des prisonniers de Sainte-Pélagie, en faisant faire, avec discernement, le choix des plus pauvres et des plus recommandables.

XVIIᵉ. LETTRE.

Les Alimens.

Vingt francs par mois, ou soixante-dix centimes par jour, forment l'unique ressource du plus grand nombre des prisonniers pour dettes.

______

(1) Ces détails m'ont été fournis par un homme de lettres d'un ordre supérieur.

Cette somme, pour les alimens, a été fixée par l'article 14 du titre 13 de la loi du 15 germinal.

« Ici, dit M. Hyde de Neuville, le législateur
» a encore montré de l'imprévoyance et un défaut d'instruction.

» Ce fut sous le bon roi Henri que ce secours
» ou plutôt cette avance de 20 fr. valeur du marc
» d'argent, fut accordée au débiteur. Le marc
» d'argent servait alors de base proportionnelle.
» En suivant la même règle, le marc d'argent
» vaut 54 fr. On pourrait donc au moins porter
» à la somme de 5o fr. celle destinée aux alimens
» et aux dépenses indispensables du débiteur.

» On observe qu'une somme aussi élevée dé-
» truira une partie des avantages de la contrainte
» par corps, et que le créancier sera arrêté dans
» son action par la nécessité de débourser 5o fr.
» par mois. Pourquoi son inquiétude ? ce n'est
» qu'une avance que la loi lui impose. S'il croit
» son débiteur insolvable, pourquoi le retient-il ?
» pourquoi consommer sa ruine, en l'empêchant
» de se livrer à ses affaires ? Il est de fait qu'il ne
» reste rien au détenu pour sa nourriture, quand
» il a acquitté sa dépense absolument nécessaire,
» et payé les retenues auxquelles le géolier a
» droit. »

Je lis aussi dans le Mémoire de M. Huet :

« Cette fixation de 20 fr. comprend les frais du
» coucher et des meubles les plus indispensables
» pour les besoins de la vie. La simple location

» de ce mobilier absorbe en général , d'après le
» tarif observé dans les prisons, à peu près la
» moitié des 20 francs par mois alloués par la loi,
» ce qui réduit à 10 francs par mois, c'est-à-dire
» 6 sous 8 deniers , ou 33 centimes par jour, la
» somme destinée à assurer la subsistance et l'en-
» tretien de chaque prisonnier.

» Mais puisque la contrainte par corps rem-
» place, par le fait, le droit *d'esclavage*, elle
» emporte aussi avec elle l'obligation de con-
» server ses esclaves ; et comme elle les ré-
» duit à l'impuissance de travailler (contre ce
» qui se passait à Rome , et ce qui se passe en-
» core aujourd'hui chez les Turcs et dans les co-
» lonies défrichées par les noirs), il faut bien
» qu'elle leur assure, pour les faire vivre, l'équi-
» valent du moindre salaire qu'ils pourraient ga-
» gner en état de liberté. On sait quelle est à
» Paris et dans les grandes villes la valeur com-
» mune de la journée de travail : elle se règle sur
» le pied des denrées et des choses de première
» nécessité; et pour ne pas nous écarter de notre
» sujet, le moins industrieux et le moins valide
» des prisonniers de Sainte-Pélagie (les vieillards
» exceptés) gagnerait aisément, s'il était libre ,
» 3 à 4 francs par jour ; ainsi lors même qu'il
» partagerait le fruit de ses peines avec son créan-
» cier, il lui resterait encore pour lui-même 30 à
» 40 sous par jour, 45 à 60 francs par mois. »

Vous avez vu, Monsieur, que dans la proposition qui avait été faite par M. le garde-des-sceaux à la Chambre des députés, la somme pour les alimens était portée à 25 francs par mois dans les villes au-dessous de cinquante mille âmes, et à 3o francs dans les villes au-dessus. On a reconnu dans cette faible fixation l'intention de faire peu pour l'allégement du sort des détenus.

Quoique ce qui leur est accordé soit infiniment au-dessous des besoins du plus grand nombre, comme ce n'est qu'une avance faite par le créancier, cette avance contribue souvent à prolonger la détention d'un débiteur. Beaucoup sont évidemment hors d'état de rien payer, de rien rembourser. Qu'on recherche la cause pour laquelle leur détention n'en est pas moins prolongée ! et remarquez que plus elle se prolonge, plus la dette s'accroît, plus la misère du détenu s'accroît aussi; le créancier s'obstine, ou livré à une espérance pareille à celle d'un homme qui, par de nouvelles mises, poursuit un numéro à la loterie, ou ne voulant que consommer l'œuvre de sa haine et de sa vengeance.

XVIIIe LETTRE.

Considérations.

—

Malgré le peu de confiance que j'ai dans mes propres idées que je tâche toujours de régler sur celles de personnes auxquelles je crois des lumières et une raison supérieures, ou au jugement desquelles j'aime à les soumettre, je vais, Monsieur, vous communiquer sans beaucoup de liaisons, quelques-unes des réflexions que j'ai faites, et des impressions que j'ai reçues, en m'occupant des divers sujets de mes lettres.

— Toute loi doit avoir un caractère d'équité qui lui gagne la confiance, qui porte les esprits au respect et à la soumission.

— Il semble qu'un génie industrieux se soit plu à introduire successivement dans notre législation et dans nos usages sur la contrainte par corps, ce qui était le plus propre à les rendre odieux.

— Ne dirait-on pas qu'en faisant notre loi, on n'ait eu en vue que des malfaiteurs ? Elle ne distingue rien ; elle ne respecte rien ; elle frappe en aveugle, elle atteint à la fois l'homme malheureux et le fripon, l'innocent et le coupable.

— L'immoralité et la barbarie se signalent également dans son exécution.

— On a tortionné quelques mots pour en exprimer de quoi nâvrer le cœur humain.

— Pourquoi a-t-on si peu consulté l'expérience, un des meilleurs conseils à suivre dans la formation ou la réformation des lois ?

— Ne reconnaîtra-t-on point que la contrainte par corps ne peut, ne doit avoir pour but que de mettre, *pour un temps suffisant*, le débiteur sous la main du créancier, afin que celui-ci puisse l'empêcher de détourner le gage de sa créance, afin qu'il obtienne sur la situation de ses affaires, les documens dont il aurait besoin, et qu'il soit mis en état de tirer tout le parti possible des facultés et des ressources de ce débiteur.

— En général, la détention prolongée d'un débiteur ne sert que les intérêts d'un ou de deux créanciers ; elle préjudicie aux autres.

— On parle des intérêts du commerce, et on ne fait pas attention au désordre que l'on porte dans le sein des familles dont le sort intéresse aussi la société.

— Suivant Blacktone, le plus célèbre jurisconsulte de la nation la plus commerçante, la contrainte par corps n'est pas nécessaire au commerce.

— Les meilleurs publicistes, les écrivains les

plus distingués, de célèbres orateurs ont peint
à grands traits les vices de cette institution ; ils
ont parlé le langage de la raison, invoqué les principes, réclamé les droits de l'humanité et de la
justice. Qu'ont-ils gagné ? pas un seul abus n'a été
supprimé.

— Quel grand mal si des jeunes gens, des
hommes peu solvables, ceux qui ne font rien,
qui ne produisent rien, ne pouvaient, à défaut
du droit de contrainte, trouver sans peine à emprunter ! Sans ce droit, prêterait-on moins à ceux
qui, livrés ou non au commerce, inspirent de la
confiance par leur conduite, leurs sentimens et
leurs facultés ? On n'aurait perdu avec ceux-ci
que le droit de punir le malheur.

—On parle du bénéfice de la cession, sans faire
attention à ce qu'elle coûte, comme si on ignorait que
peu de détenus pour dettes sont en état d'en payer
les frais. Ne sait-on pas d'ailleurs que la cession
imprime à celui qui la fait, une sorte de flétrissure !
L'homme même qui a contracté une dette par imprudence, ou pressé par le besoin, quand il n'était
point sûr de pouvoir l'acquitter, en est-il pour
cela moins sensible à l'honneur ? et n'est-ce pas
quelquefois pour s'y être montré fidèle, qu'un
homme, frappé ensuite de malheurs imprévus,
a contracté l'engagement qu'il n'a pu remplir !

— Oui, sans doute, il faut prévenir, il faut
réprimer tout ce qui porte atteinte à la propriété
d'autrui ; il ne faut rien négliger de ce qui peut

contribuer à la sûreté des engagemens ; mais , je ne cesserai de le dire, la justice doit être éclairée , et l'humanité a aussi des droits devant lesquels doivent fléchir tous les intérêts , toutes les considérations , tous les systèmes.

— Lorsqu'on voit des législateurs instruits faire d'injustes propositions, ou soutenir des opinions évidemment fausses , n'est-on pas tenté de croire qu'ils sont mus par des intérêts particuliers ?

— Il semble qu'il y ait dans la confection de certaines lois, quelque chose de plus impératif que la raison et l'équité ; il semble qu'il existe une puissance inique à laquelle des hommes, qui ne manquent point d'ailleurs de probité et de caractère , cèdent sans se rendre compte des motifs de leur faiblesse.

Le nom , le rang, la fortune , le crédit, le pouvoir , voilà , je le soupçonne , de quoi se compose cette force inconnue à laquelle on sacrifie ce qui devrait être sacré pour tous.

— Je vois cette observation dans un des ouvrages que j'ai cités.

« Les tribunaux de commerce consultés lors de
» la rédaction du Code de commerce , se mon-
» trèrent les plus sévères envers les débiteurs.
» Cela ne doit pas surprendre .... Ce sont des
» créanciers perpétuels faisant des lois pour con-
» traindre les débiteurs actuels et futurs à les
» payer. »

~~~

XIXe. ET DERNIÈRE LETTRE.

Réforme. Conclusion.

———

Je crois, Monsieur, avoir démontré la nécessité d'une prompte réforme de notre législation concernant la contrainte par corps pour dettes de commerce.

Je me félicite de n'avoir plus à répondre aux arguties minutieuses, aux raisons sophistiques de gens du métier, défenseurs obstinés d'une loi qui leur profite ; il faut bien aussi se laisser se complaire dans leur reproche bannal *de fausse philantropie*, *d'aveuglement sentimental* des hommes qui, s'ils sont de bonne foi, ne sont pas ceux qui, dans la discussion d'une pareille matière, montrent le plus de lumières et d'instruction. Qu'on conserve au commerce les vrais avantages que peut lui donner la loi dans une plus forte garantie des engagemens : je ne veux rien demander qui ne soit dans ses vrais intérêts. Il est loin de mon idée qu'il soit convenable, dans les circonstances actuelles, d'abolir entièrement la contrainte par
~~~

corps en matière commerciale , à moins qu'on ne
supplée à cette mesure par d'autres moyens d'assurer l'exercice des droits du créancier , et de con-
traindre le débiteur à faire tout ce qui dépend de
lui pour acquitter ses engagemens ; mais veut-on
faire principalement une peine de la détention ,
je la rejette , car , encore une fois , toute peine
doit se régler sur l'action à laquelle on l'applique;
encore une fois , je ne reconnais dans l'arrestation
et dans l'emprisonnement du débiteur , qu'une
mesure de précaution et de sûreté propre à
mettre ses créanciers en état de faire valoir leurs
droits.

On ne trouvera pas dans mes moyens de réforme , un esprit de système , des combinaisons
difficiles ou compliquées ; je n'offrirai que la simple expression des vœux formés par des hommes
qui m'ont paru joindre à la droiture la connaissance la plus approfondie de ce qui tient à notre
sujet.

Ces moyens ne sont que la juste conséquence
des principes établis , des faits exposés et des vérités démontrées dans le cours de mes lettres.

Il importe surtout de purger la loi qui régit
présentement la contrainte par corps de ses principaux vices , et de la rendre aussi utile qu'elle
peut l'être

« Esperons , dit M. le comte Desèze , que cette
législation sanglante disparaîtra bientôt de la
nôtre; espérons que toute ces dispositions atroces,

ou absurdes, ou immorales, qui souillent **nos** Codes, seront retranchées de ces lois qui sont encore la règle vivante de nos tribunaux ; espérons que tous les principes corrupteurs de ces lois seront réformés.

» Il faut que toutes nos lois portent aujourd'hui l'empreinte de la sagesse du Roi, il faut qu'elles portent son nom, qu'elles soient son ouvrage, il faut qu'elles rappellent ces belles ordonnances de nos Rois, qui ont si long-temps et si heureusement gouvernés nos pères, et qui sont comme le triomphe de la prévoyance et de la raison. »

PROJET DE RÉFORME.

La contrainte par corps pour dettes continuera d'avoir lieu.

Les sauf-conduits ne seront accordés à un débiteur failli que sur la demande de la majorité des membres d'une assemblée de créanciers, ou sur la caution de trois personnes notables qui se seront engagées à le représenter jusqu'à ce que cette demande ait pu être faite.

La contrainte par corps ne pourra être prononcée que pour dettes de commerce, et contre des personnes patentées ou livrées notoirement à des opérations de commerce.

S'il y a contestation sur la qualité des personnes ou sur la nature du titre de la poursuite, le créancier poursuivant devra fournir les preuves qui lui seront demandées par le tribunal.

Les signataires d'une lettre de change seront tenus d'y mettre à coté de leur nom, leur profession ou leur qualité (1).

Ceux qui ne faisant aucun commerce et n'étant point patentés auront pris sur une lettre de change une qualité qui les aura fait mettre dans la classe commerçante, pourront, à la requête du ministère public, ou sur la demande d'un des signataires de la lettre de change, être poursuivis pour dol ou fraude au tribunal de police correctionnelle.

Si le débiteur produit contre son créancier la preuve de l'usure, il sera affranchi de la contrainte par corps.

La contrainte par corps ne pourra être prononcée pour une somme moindre de 5oo fr. en principal.

Elle ne pourra l'être contre les pères ou mères, pour raison de dettes contractées en vers leurs enfans, ni contre les enfans pour raison de dettes contractées en vers leurs pères ou mères.

---

(1) On peut facilement trouver tout autre moyen de faire distinguer les commerçans de ceux qui ne le sont pas.

Le droit de contrainte par corps acquis par jugement, ne sera pas transportable; il ne pourra être exercé qu'à la requête, au nom, et sous la responsabilité de celui au profit du quel le jugement aura été rendu.

Le débiteur ne pourra être arrêté dans son domicile.

Un débiteur ne pourra être contraint par corps ou obtiendra son élargissement ;

S'il est entré (n'étant pas stellionaire), l'homme dans sa soixante-cinquième année, la femme dans sa soixantième ;

S'il paie le tiers de sa dette et donne caution pour le surplus ;

S'il prouve que ses biens saisis ou saisissables, (toutes dettes et charges déduites) sont suffisans pour répondre de l'acquit de ses engagemens envers le créancier ou les créanciers sur la poursuite des quels il aura été arrêté ou détenu.

L'étranger non-domicilié détenu en vertu de jugemens rendus au profit d'un Français, obtiendra son élargissement par les mêmes causes qui peuvent le faire obtenir à un débiteur français.

Le terme de la détention d'un débiteur est *une année;* après ce terme, il ne pourra plus être arrêté que pour engagemens contractés postérieurement à sa mise en liberté.

Les alimens que le créancier sera tenu de consigner d'avance chaque mois dans les mains du gardien de la maison d'arrêt, seront de 35 fr. pour une ville au-dessous de cinquante mille âmes et de 5o fr. pour une ville au-dessus de cinquante mille.

La déclaration d'insolvabilité faite par un débiteur détenu entre les mains du président et du procureur du Roi du tribunal de première instance, et appuiée du témoignage de trois personnes notables, *autorisera* ce magistrat à le mettre en liberté. Leur décision sera sans appel. Si la fausseté de la déclaration est prouvée, le débiteur sera conduit dans la maison d'arrêt, et pourra être poursuivi devant le tribunal de police correctionnelle.

Tout ce qui dans les règlemens, lois et ordonnances, rendus antérieurement sur la contrainte par corps en matière civile ou de commerce, est contraire aux présentes dispositions est abrogé (1). »

Les amis de l'humanité, de l'ordre et des mœurs désirent aussi ,

Que la maison de détention pour dettes ne soit pas dans le voisinage de la prison des condamnés pour crimes ou délits ;

Que l'intérieur de cette maison d'arrêt soit tel que rien n'y nuise à la santé de ses habitans ;

Que les détenus malades puissent être promptement transportés dans un lieu où l'air serait plus salubre, et qui conviendrait mieux pour leur traitement ;

Enfin que rien ne gène leurs relations avec leurs parens, leurs amis, et les personnes avec lesquelles ils ont des rapports d'affaires.

Ces soins regardent l'administration.

Je suis loin de croire, Monsieur, que ce qui peut le plus satisfaire aux besoins de la loi, se trouve renfermé dans le cercle des dispositions que j'énonce comme me paraissant propres à faire obtenir cet avantage. On peut mieux voir; on peut retrancher, ajouter; le champ des discussions est ouvert. J'ai tâché de vous mettre en état de défendre en même - temps l'intérêt général de la société, l'intérêt particulier du commerce, et la cause du malheur dans une partie des débiteurs.

Si vous jugez que ce que j'ai fait pour votre instruction puisse être utile à d'autres, je vous autorise à publier ces lettres.

Ces lettres étaient écrites lorsqu'une proposition ayant pour objet d'adoucir le sort des détenus pour dettes et de modifier la loi sur la contrainte par corps a été faite à la Chambre des Pairs par un de ses membres, M. le vicomte de Montmorency.

Cette proposition, développée par le noble Pair avec tout le charme de l'éloquence, a été accueillie; une commission de cinq membres a été nommée pour l'éxaminer et en faire le rapport, et l'impression en a été ordonnée.

Le même esprit, les mêmes vues, à quelques modifications près, se remarquant dans le discours et dans les lettres, la publication de celles-ci paraissait devenir moins utile; mais telles sont les considérations qui l'ont déterminée:

Le noble Pair, obligé de se renfermer dans un cadre étroit, n'a sans doute point fait usage de toutes les lumières qu'il était

en état de répandre sur ce qu'il soumettait à la délibéra-
tion du législateur ; sans doute il n'a pu faire valoir qu'une
partie des motifs propres à démontrer la nécessité d'une
réforme prompte et entière ; l'auteur des lettres à qui l'é-
tendue de son travail laissait plus de liberté, a eu la faculté
de se livrer à un examen plus approfondi de ce qui con-
cerne la matière ; en donnant plus de développement aux
faits, aux principes, aux considérations, il a pu mettre en
état de saisir plus facilemeut les différents points sur lesquels doit porter la réforme.

Le noble Pair, dans son discours, semble ne s'être
livré qu'à demi à sa conviction, et s'être défié de ses
propres lumières : quelquefois il se combat lui-même, ou
il laisse dans le doute sur son opinion, en ne se pronon-
çant que faiblement contre celle qui la contrarie. On est
tenté d'attribuer cette sorte de timidité, cette réserve à
la crainte de ne rien obtenir si dans ses demandes il s'at-
tachait trop à des vérités incontestables, à des principes
rigoureusement justes. Aussi le projet de modifications à
la loi qui se lit à la fin de son discours, est il moins favorable au sort des débiteurs commerciaux que ne l'est celui
qui termine les lettres. L'auteur de ces lettres, par la
nature et l'ordre de son travail a été conduit à des conclusions plus étendues, plus positives, à des propositions
ayant pour objet de purger la loi de ses vices, et d'o-
pérer une réforme complète. Il a pensé que si l'on cé-
dait à des considérations, à des craintes, à des intérêts
privés, si l'on ne se rendait pas à l'évidence des faits et
à la force de la raison, si l'on n'accordait point aux
droits de la justice et de l'humanité ce qu'ils sollicitent,
une nouvelle loi serait par la suite invoquée.

On a donc cru que la publication de ces lettres, en
épargnant le soin des recherches, et en établissant de
nouveaux points de comparaison, pouvait être utile, et
que n'eut-elle d'autre avantage que de les faire servir
d'auxiliaires à l'excellent discours de M. le vicomte de
Montmorency, cet avantage ne devait pas être négligé.

(Note de l'Éditeur.)

TABLE

DES LETTRES.

FIN DE LA TABLE.